Descubra Juegos Gratis Online

Disponibles Aquí:

BestActivityBooks.com/FREEGAMES

5 CONSEJOS PARA EMPEZAR

1) CÓMO RESOLVER LAS SOPA DE LETRAS

Los rompecabezas tienen un formato clásico:

- Las palabras se ocultan sin espacios ni guiones,...
- Orientación: Las palabras pueden escribirse hacia delante, hacia atrás, hacia arriba, hacia abajo o en diagonal (pueden estar invertidas).
- Las palabras pueden superponerse o cruzarse.

2) APRENDIZAJE ACTIVO

Junto a cada palabra hay un espacio para anotar la traducción. Para fomentar un aprendizaje activo, un **DICCIONARIO** al final de esta edición te permitirá comprobar y ampliar tus conocimientos. Busca y anota las traducciones, encuéntralas en el puzzle y añádelas a tu vocabulario!

3) MARCAR LAS PALABRAS

Puedes inventar tu propio sistema de marcado. ¿Quizás ya usas uno? También puedes, por ejemplo, marcar las palabras difíciles de encontrar con una cruz, las que te gustan con una estrella, las nuevas con un triángulo, las raras con un diamante, etc.

4) ESTRUCTURAR EL APRENDIZAJE

Esta edición ofrece un **CUADERNO DE NOTAS** muy práctico al final del libro. En vacaciones, de viaje o en casa, podrás organizar fácilmente tus nuevos conocimientos sin necesidad de un segundo cuaderno!

5) ¿HABÉIS TERMINADO TODAS LAS PARRILLAS?

En las últimas páginas de este libro, en la sección **DESAFÍO FINAL**, encontrarás un juego gratis!

¡Rápido y sencillo! Echa un vistazo a nuestra colección de libros de actividades para tu próximo momento de diversión y aprendizaje, ¡a sólo un clic de distancia!

Encuentre su próximo reto en:

BestActivityBooks.com/MiProximoLibro

En sus marcas, listos, ¡Ya!

¿Sabías que hay unas 7.000 lenguas diferentes en el mundo? Las palabras son preciosas.

Nos encantan los idiomas y hemos trabajado duro para crear libros de la más alta calidad para tí. ¿Nuestros ingredientes?

Una selección de temas adecuados para el aprendizaje, tres buenas porciones de entretenimiento, y luego añadimos una cucharada de palabras difíciles y una pizca de palabras raras. Los servimos con cariño y máxima diversión para que puedas resolver los mejores juegos de palabras y te diviertas aprendiendo!

Tu opinión es esencial. Puedes participar activamente en el éxito de este libro dejándonos un comentario. Nos encantaría saber qué es lo que más le ha gustado de esta edición.

Aquí hay un enlace rápido a tu página de pedidos:

BestBooksActivity.com/Opiniones50

Gracias por tu ayuda y diviértete!

Todo el equipo

1 - Ajedrez

```
P Y P Đ D D A J P N C T D U
A I R G W H I G R A Č U I Č
S S O W J V T P A D I R J I
I B T V A A N R V C R N A T
V I I R R F A V I M O I G I
N J V G A I T A L T A R O P
O E N J R T J K A O S F N Y
Y L I I T A E E K Č H B A H
C I K D B Y C G M K R A L J
Ž R T V O V A T I E C W A A
G B A D H J N J G J L S O I
D D K R A L J I C A A G O B
V E C I E H E P A M E T A N
Z T Đ P O Y G A I Z S G E P
```

UČITI
BIJELI
PRVAK
NATJECANJE
DIJAGONALA
STRATEGIJA
PAMETAN
IGRA
IGRAČ
CRNA

PROTIVNIK
PASIVNO
TOČKE
PRAVILA
KRALJICA
KRALJ
ŽRTVOVATI
VRIJEME
TURNIR

2 - Agua

```
U V E O G E J Z I R B O I O
N A V O D N J A V A N J E C
U L E D K Y H G V L J K T E
T O C K I L T F N M U E N A
U V K Y Š A Z E P N R P N N
R I T P A R A M R T T A U U
A I V L A Ž N O S T U V Z W
G L J K R O L N N Đ Š Z D L
A D B E C S T S I L F Z S N
N V Z O K S N U J E Z E R O
Y N N Y A A D N E Y T O P I
T V P O N G V N G P V C C P
T I S P A R A V A N J E I B
Z P O P L A V A P J L Y V S
```

KANAL	JEZERO
TUŠ	KIŠA
ISPARAVANJE	MONSUN
GEJZIR	SNIJEG
MRAZ	OCEAN
LED	VALOVI
VLAŽNOST	NAVODNJAVANJE
URAGAN	RIJEKA
POPLAVA	PARA

3 - Granja #2

```
U L W J M P O M J E Č A M Y
N I M Đ L O V L A M E T W B
E A F N I V C I N Z C S B L
U D V U V R E J J W R S T C
B I G O A Ć V E E Đ S E D P
C I C L D E W K T V C P L V
P A T K A N N O I O S Š N O
C D K W K F J B N Ć T E A Ć
T R A K T O R A A N A N L E
P A S T I R Š K V J J I G V
K U K U R U Z N V A A C A Y
D G P H R A N A I K N A J R
Ž I V O T I N J E C A J F F
N D Đ I H T A F G F A L E R
```

ŽIVOTINJE	ZRELO
JEČAM	KUKURUZ
KOŠNICA	OVCE
HRANA	PASTIR
JANJETINA	PATKA
VOĆE	LIVADA
STAJA	NAVODNJAVANJE
VOĆNJAK	TRAKTOR
MLIJEKO	PŠENICA
LAME	POVRĆE

4 - Mueble

```
O  S  S  T  O  L  I  C  A  P  E  B  F  O
R  V  K  B  M  F  Đ  N  R  A  F  M  U  G
M  J  O  O  M  K  L  E  E  O  Y  K  T  L
A  E  O  P  P  A  S  N  T  J  Z  R  O  E
R  T  T  H  O  U  D  S  T  O  L  N  N  D
Đ  I  H  Z  L  Č  M  R  Z  T  T  J  A  A
N  L  L  Z  I  J  V  F  A  Z  N  A  F  L
P  J  D  M  C  H  W  O  V  C  B  S  N  O
Y  K  K  R  E  V  E  T  J  A  S  T  U  K
I  A  T  T  N  C  J  E  E  C  W  U  J  L
T  G  H  J  H  E  B  L  S  P  W  C  E  U
P  E  K  R  E  M  H  J  E  N  I  I  L  P
A  R  T  T  Š  S  A  C  D  D  H  H  A
G  N  C  O  B  V  I  S  E  Ć  A  M  G  O
```

TEPIH	STOL
JASTUK	OGLEDALO
ORMAR	POLICE
KLUPA	FUTON
KREVET	VISEĆA
JASTUCI	SVJETILJKA
MADRAC	STOLICA
ZAVJESE	FOTELJA
TJEŠI	KAUČ

5 - Pesca

```
P T Č R O Y G O Y O O R G R
R E P A S T R P L J E N J E
E Ž L K M S B R O Ž I C A T
T I A O M A M E H C P A L J
J N Ž Š Š A C M D R E B M E
E A A A K C M A R I R A K Z
R H M R R Z Z A K J A S N E
I K P A G D D G C E J E K R
V A K H E T E N L K E Z K O
A B E I U R A J O A J O F P
N K U H A T I Z K Y V N N V
J O O E N M K U K A O A N U
E G W A S Z N J V S D Z H Đ
Č E L J U S T L F B A S Z L
```

VODA
PERAJE
ČAMAC
ŠKRGE
ŽICA
MAMAC
KOŠARA
KUHATI
OPREMA
PRETJERIVANJE

KUKA
JEZERO
ČELJUST
OCEAN
STRPLJENJE
TEŽINA
PLAŽA
RIJEKA
SEZONA

6 - Aviones

```
V W M H Z M B N P P R L G O
S I R I R O A A B O B A U J
L H S V A T L P S V S V Y L
I Y M I K O O U D I Z A J N
J C J G N R N H S J F N D T
E P E A R A L A U E Y T I A
T I R C Y G I T C S W U E G
A S O N V O D I K T Z R Z O
N G J J P U T N I K H A B R
J N E B O P I L O T M M M I
E F S W I Z G R A D N J A V
P R O P E L E R I G G Z K O
A T M O S F E R A L V F D V
T U R B U L E N C I J A R R
```

ZRAK	BALON
VISINA	PROPELERI
SLIJETANJE	VODIK
ATMOSFERA	POVIJEST
AVANTURA	NAPUHATI
NEBO	MOTOR
GORIVO	PUTNIK
IZGRADNJA	PILOT
SMJER	POSADA
DIZAJN	TURBULENCIJA

7 - Tipos de Cabello

```
B D L I S V D L W C K H R J
Y F H F P M E K O V R Č E V
L S U H O O B C P F A Y M O
B I J E L I E S M E T L E J
H C P P D O O M R Đ A V K S
K I D L L B T E N E K I A I
E C F S E A O Đ U Đ B L N V
P N K T D T V S Đ I C R N A
Ć E L A V A E U K C T M O P
Y L H F H N D N Š G O F D E
K O V R Č A V A A A K Z D C
Z D R A V K S J A J A N U H
V A L O V I T A S Y K F G F
P L E T E N I C E Đ J G O L
```

BIJELI	VALOVITA
SJAJAN	SREBRO
ĆELAV	KOVRČAVA
KRATAK	KOVRČE
TANAK	PLAVUŠA
SIVA	ZDRAV
DEBEO	SUHO
DUGO	MEKAN
SMEĐ	PLETENA
CRNA	PLETENICE

8 - Ciencia Ficción

```
K F E Z T K U V N V I Z D V
N N U O Đ I N G F F L A U A
D Z J T F N V U J A U M N T
M A A I U O E N D N Z I C R
U R G L G R O B O T I Š E A
W V E Y N E I S F A J L K R
P L A N E T A S E S A J S E
K R A J N O S T T T U E P A
S C E N A R I J E I K N L L
A T O M S K I Đ V Č Č P O N
S V I J E T T R A S K Z O
G A L A K S I J A N I H I U
T A J A N S T V E N I S J O
P R O R O Č I Š T E P T A Z
```

ATOMSKI
KINO
SCENARIJ
EKSPLOZIJA
KRAJNOST
FANTASTIČAN
VATRA
FUTURISTIČKI
GALAKSIJA

ILUZIJA
ZAMIŠLJEN
KNJIGE
TAJANSTVENI
SVIJET
PROROČIŠTE
PLANETA
REALNO
ROBOTI

9 - Juguetes

```
R A U T O M O B I L P Z O L
O T O N B C N W G O U R C U
B M Y B B O J E R P E A R T
O A I I T E D V E T B K U K
T Š K L P O R E K A D O T A
H T D B J Č A M A C R P Y C
Š A M L H E D B M H D L V B
T A O B R T N W R F B O P F
B E H W L V F I Y H G V A H
L I H W N V L A K J L I B B
U E C Z M A J D A D I N W P
V Z S I K N J I G E N L G W
L J Y A K A M I O N A J P D
G G A D F L B U B N J E V I
```

ŠAH	OMILJENI
GLINA	MAŠTA
OBRT	IGRE
ZRAKOPLOV	KNJIGE
ČAMAC	LUTKA
BICIKL	BOJE
LOPTA	ROBOT
KAMION	BUBNJEVI
AUTOMOBIL	VLAK
ZMAJ	

10 - Circo

```
P O K A Z A T I M I K R A J
Z Đ Y L H T O U P A F J H Y
Z R J T D R P S T D G O B P
U A Z I I M A J M U N I C A
Đ V Y O T G W S L O N K J R
N Ž B R M W A Š A T O R U A
B O M B O N S R V W Đ W S D
B N B Z A B A V L J A T I A
A G S C Č A R O B N J A K K
L L L Ž I V O T I N J E L O
O E E A K R O B A T G T A S
N R A Z Z P T D J U U R U T
I P I W E B E J L Đ H I N I
P O G L E D A T E L J K T M
```

AKROBAT	MAGIJA
ŽIVOTINJE	ČAROBNJAK
BOMBON	ŽONGLER
ŠATOR	MAJMUN
PARADA	POKAZATI
SLON	GLAZBA
ZABAVLJATI	KLAUN
GLEDATELJ	TIGAR
BALONI	KOSTIM
LAV	TRIK

11 - Granja #1

```
A A R S C F S K M P A S K M
F F G D G O J O M O Z P T A
V A S S I J E N O L A V P Č
R K R A V A M J V J L L Č K
A P O L J E E J O O Đ W E A
N J M Z W Z N J D P K N L P
A Đ W Z A K K V A R A G A I
N T E L E L E T G I U H P L
R I Ž A G N O J I V O C B E
U M B P G M A G A R A C C T
O G R A D A E J H E H Y Z I
C F U W I G R D P D R Y S N
Z E M L J I Š T E A Đ Y F A
H G J Y F K L G U I R W D L
```

PČELA	MAČKA
POLJOPRIVREDA	SIJENO
VODA	MED
RIŽA	PAS
MAGARAC	PILETINA
KONJ	SJEMENKE
KOZA	TELE
POLJE	ZEMLJIŠTE
VRANA	KRAVA
GNOJIVO	OGRADA

12 - Camping

```
Đ  C  F  A  O  D  K  A  S  K  P  L  J  N
M  R  I  P  W  R  U  S  U  A  L  J  O  J
J  J  Š  Đ  D  V  K  R  H  B  A  E  Y  V
K  O  E  B  K  E  A  U  J  I  N  Z  W  I
I  U  Š  S  V  Ć  C  V  O  N  I  E  M  S
B  H  I  C  E  A  T  W  A  A  N  R  A  E
D  L  R  V  H  C  R  H  O  N  A  O  R  Ć
B  K  O  A  Đ  G  S  K  Z  T  T  W  U  A
R  A  E  T  N  O  H  B  T  D  Š  U  M  A
P  R  I  R  O  D  A  W  I  L  U  Y  R  L
M  T  K  A  N  U  K  O  M  P  A  S  W  A
D  A  Z  N  F  E  N  J  E  R  I  G  J  O
O  P  R  E  M  A  G  O  N  K  B  J  I  B
O  U  Ž  E  Ž  I  V  O  T  I  N  J  E  L
```

ŽIVOTINJE	VATRA
AVANTURA	VISEĆA
DRVEĆA	KUKAC
ŠUMA	JEZERO
KOMPAS	FENJER
KABINA	MJESEC
KANU	KARTA
LOV	PLANINA
UŽE	PRIRODA
OPREMA	ŠEŠIR

13 - Fruta

```
B Z R B S J L U Z S F Z Z K
I A Z G O A Š L V L B N G V
J B N M C B G L K P G L E M
M R A A L U I G J H U O Y A
E E R R N K T C F I A G F L
Y S A E R A U L A W V V A I
K K N L A K O K O S A A M N
R V Č I V Đ A P K I V I A A
U A A C O L I M U N K F N G
Š N R A K A L G O B D B G R
K A R P A P A J A V H P O O
A N I T D I N J A N C U T Ž
E A J W O T R E Š N J A H Đ
N S V P Đ W J K J B I S Đ E
```

AVOKADO   MANGO
MARELICA   JABUKA
BOBICA   BRESKVA
TREŠNJA   DINJA
ŠLJIVA   NARANČA
KOKOS   PAPAJA
MALINA   KRUŠKA
GUAVA   ANANAS
KIVI   BANANA
LIMUN   GROŽĐE

14 - Geología

```
G B D K A V E R N A F F S M
E E I P L A T O M B P S T I
K W J A Đ R K M B C L Z A N
O V E Z L A V A F O S I L E
N E A W I M K N D Z S Y A R
T R D R K R I S T A L I G A
I O P B C I S P K M O Đ M L
N Z V K A M E N O D J W I I
E I U A H Y L O R T M E T F
N J L L N G I C A S R Đ I E
T A K C I V N V L H D E C U
S L A I S E A A J U I F S V
H V N J G T O J A N P S O E
K A S S T A L A K T I T L S
```

KISELINA	STALAGMITI
KALCIJ	FOSIL
SLOJ	GEJZIR
KAVERNA	LAVA
KONTINENT	PLATO
KORALJA	MINERALI
KRISTALI	KAMEN
KVARC	SOL
EROZIJA	POTRES
STALAKTIT	VULKAN

15 - Plantas

```
T E H B O B I C A B V T L R
Z G N O J I V O L G E N A Y
V I E T A Y H R U R G W T H
Y D Š A G Z C N T G E K I W
A I U N F L O R A R T J C K
D G M I K M D H H M A M A O
D C A K B A W C W D C B F R
R V O A F H K G C I I R K I
L I S T E O H T R R J Š W J
I J I R H V N H U A A L N E
Š E N A D I D L T S H J E N
Ć T B V E N C V V J I A Đ A
E Y A A Y A Đ S G E N N U Y
B A M B U S D R V O G D O F
```

GRM	LIŠĆE
DRVO	GRAH
BAMBUS	BRŠLJAN
BOBICA	TRAVA
ŠUMA	LIST
BOTANIKA	VRT
KAKTUS	MAHOVINA
GNOJIVO	LATICA
CVIJET	KORIJEN
FLORA	VEGETACIJA

16 - Suministros de Arte

```
Y N K I N C S K G K A C R Đ
I B G D Z S G P U P S T S O
K A M E R A U S W R V S K L
W R M J I K G L I N A T S O
K T E E O R L B R I S A Č V
Đ E Y A U I J N P B M L J K
U L J E T L E Y V O D A K E
C Đ C S T I N T A J Y K U Č
Z U G L T W V Y W E B M G E
P A P I R O J N Y T S B O T
G T R P C U L D O G L T A K
L J E P I L O I W S G S O E
N T B S T I L P C D T J V L
O W Y D I U R O W A F J U J
```

ULJE   BOJE
AKRIL   KREATIVNOST
VODA   IDEJE
GLINA   OLOVKE
BRISAČ   STOL
STALAK   PAPIR
UGLJEN   LJEPILO
KAMERA   STOLICA
ČETKE   TINTA

17 - Jardín

```
B  Đ  H  V  L  S  R  V  I  S  E  Ć  A  Đ
O  P  K  O  R  O  V  T  W  Đ  T  E  L  J
H  Đ  K  Ć  Đ  V  P  H  Đ  K  R  V  R  T
R  I  B  N  J  A  K  A  I  K  A  G  T  C
C  V  I  J  E  T  W  V  T  L  V  R  G  R
T  T  K  A  K  E  E  Z  T  A  A  M  C  I
R  R  M  K  G  R  A  B  L  J  E  T  K  J
A  A  I  D  W  A  D  R  V  O  O  L  L  E
V  M  H  J  O  S  R  P  T  T  G  O  U  V
N  P  N  G  E  A  B  A  C  Z  R  I  P  O
J  O  U  Đ  T  M  D  S  Ž  M  A  J  A  Z
A  L  U  V  E  F  D  U  A  A  D  Đ  P  Z
K  I  E  L  E  N  T  K  W  R  A  U  Y  W
R  N  L  K  R  J  C  I  W  C  J  Z  P  L
```

GRM	VRT
DRVO	KOROV
KLUPA	CRIJEVO
TRAVNJAK	LOPATA
RIBNJAK	TRIJEM
CVIJET	GRABLJE
GARAŽA	TLO
VISEĆA	TERASA
TRAVA	TRAMPOLIN
VOĆNJAK	OGRADA

18 - Países #2

```
N V C G C I F I R S K A M U
G D U G A N D A S I R I J A
Z R C S J D L D A W C P A H
V P Č L B O D S S I L A O S
L O P K U N J A P A N K M U
F R G N A E U L N J F I E K
R T I I O Z B B R S Z S K R
A U S T R I J A L U K T S A
N G R V U J D N N D J A I J
C A Y P S A P I A A Y N K I
U L S B I N A J D N D B O N
S S Z T J A M A J K A W A A
K K B T A E T I O P I J A H
A U S T R A L I J A U R B Z
```

ALBANIJA   JAPAN
AUSTRALIJA   LAOS
AUSTRIJA   MEKSIKO
DANSKA   PAKISTAN
ETIOPIJA   PORTUGAL
FRANCUSKA   RUSIJA
GRČKA   SIRIJA
INDONEZIJA   SUDAN
IRSKA   UKRAJINA
JAMAJKA   UGANDA

19 - Tecnología

```
I  I  Z  V  D  H  H  R  P  S  E  D  V  U
N  S  H  I  B  A  J  T  O  V  I  I  K  B
T  T  P  R  R  S  G  M  R  H  U  G  N  U
E  R  H  U  U  O  R  D  U  C  H  I  O  B
R  A  K  S  D  F  R  O  K  Z  Z  T  Đ  V
N  Ž  J  A  P  T  U  L  A  V  B  A  U  C
E  I  G  M  M  V  I  R  T  U  A  L  A  N
T  V  Đ  B  S  E  M  F  O  T  Đ  N  O  Đ
L  A  Y  Z  W  R  R  O  V  Y  G  I  A  G
W  N  B  P  A  L  M  A  K  U  R  S  O  R
H  J  J  O  I  S  P  O  D  A  C  I  Y  K
V  E  P  R  E  G  L  E  D  N  I  K  A  Y
Y  V  K  Z  D  A  T  O  T  E  K  A  M  B
R  A  Č  U  N  A  L  O  N  W  H  P  S  M
```

DATOTEKA	ISTRAŽIVANJE
BLOG	PORUKA
BAJTOVI	PREGLEDNIK
KAMERA	RAČUNALO
KURSOR	ZASLON
PODACI	SOFTVER
DIGITALNI	VIRTUALAN
INTERNET	VIRUS

20 - Números

```
R M W R F D E C I M A L A P
D E Z Y N V D D N Č T S E E
O W N U L A V Č A E M D B T
S E D A M N A E S T R I V T
D S L O G A D T H R V Š T A
T E J J D E E I B N W E R O
P S S D J S S R E A U S I S
F Đ D E C T E I I E Š N N A
D V P S T O T S H S E A A M
P E T N A E S T E T S E E N
F C U R D T O Z F D T S S A
H D E V E T S C E R A T T E
D E V E T N A E S T O M E S
B T O Z Y C M U R O D G J T
```

ČETRNAEST   DVANAEST
NULA   DVA
PET   DEVET
ČETIRI   OSAM
DECIMALA   PETNAEST
DEVETNAEST   ŠEST
OSAMNAEST   SEDAM
ŠESNAEST   TRINAEST
SEDAMNAEST   TRI
DESET   DVADESET

21 - Mitología

```
B Đ M U V J E R E N J A R L
Đ E L J U B O M O R A B A A
J L S N A G A E G F R F T B
S S U M U N J A V P O J N I
P T M A R H E T I P W N I R
P F V R H T O S V E T A K I
G R B O T U N K B K P R U N
K H Z G R N U O J U N A K T
N G I D F E I K S L N E B O
V F Z P L Đ N K C T O U L C
L E G E N D A J U U P T F E
P O N A Š A N J E R Y F B W
O O D D G R M L J A V I N A
S T V A R A N J E Y R Z E O
```

ARHETIP	RATNIK
LJUBOMORA	JUNAK
NEBO	BESMRTNOST
PONAŠANJE	LABIRINT
STVARANJE	LEGENDA
UVJERENJA	SMRTNIK
STVORENJE	MUNJA
KULTURA	GRMLJAVINA
SNAGA	OSVETA

22 - Ecología

```
O Đ V H B A G T P K S V R P
T P R I R O D N O L T E A L
W P S O Z O F F P I A G Z A
B R T T W F L A Đ M N E N N
G I A U A J O U K A I T O I
L R L D T N R N S U Š A L N
O O Y J I S A A Đ N T C I E
B D D O E C J K O O E I K O
A A R E S U R S I D Y J O G
L S N K M M O Č V A R A S Đ
N V O L O N T E R I T Ž T Đ
O U T D Đ P O M O R S K I M
Z A J E D N I C E T I D C V
J E N D G Đ F O T R J I N E
```

KLIMA	PRIRODNO
ZAJEDNICE	PRIRODA
RAZNOLIKOST	MOČVARA
VRSTA	BILJE
FAUNA	RESURSI
FLORA	SUŠA
GLOBALNO	ODRŽIV
STANIŠTE	OPSTANAK
POMORSKI	VEGETACIJA
PLANINE	VOLONTERI

23 - Herramientas

```
K  S  K  K  S  L  O  O  O  M  L  N  S  L
I  G  O  L  L  K  Z  A  V  K  J  Đ  J  V
E  W  T  Z  A  I  U  Ž  E  N  E  L  E  T
T  K  A  W  I  M  J  J  T  D  P  K  K  C
N  Đ  Č  V  B  S  E  E  B  L  I  Č  I  L
F  Š  B  L  K  P  Y  R  Š  U  L  E  R  M
L  K  R  A  P  A  I  F  I  T  O  K  A  A
J  A  I  D  T  J  B  I  Y  C  A  I  Đ  L
E  R  T  A  H  A  A  E  M  N  A  Ć  E  J
S  E  V  R  M  L  K  D  L  O  P  A  T  A
T  M  A  K  F  I  L  E  V  Ž  V  M  V  U
V  E  J  L  N  C  J  E  I  V  I  J  A  K
E  G  E  M  G  A  A  H  Y  Y  C  J  R  A
Đ  W  O  G  Z  V  F  V  Đ  H  C  K  P  P
```

KLIJEŠTA   ČEKIĆ
BAKLJA   MALJ
KABEL   BRITVA
NOŽ   LOPATA
UŽE   LJEPILO
LJESTVE   VLADAR
SPAJALICA   KOTAČ
KLAMERICA   ŠKARE
SJEKIRA   VIJAK

24 - Casa

```
P B V H V W N C U H C Y S M
O B P P R O Z O R R E S Z N
D G A R A Ž A G G Z J Y Y S
R S L W T E A Z N P J L U L
U P K E A K N J I Ž N I C A
M A H V D O G R A D A Z D V
E V U W K A T E P I H M I I
T A Y N I D L C P K B C M N
L Ć T C J C Y O L S H Z N A
A A K U H I N J A H W K J O
M S U L Š E E F L J L R A O
P O T K R O V L J E Z O K E
U B Đ G P L U T V R T V G C
Y A S V J E T I L J K A I M
```

TEPIH	SLAVINA
POTKROVLJE	VRT
KNJIŽNICA	SVJETILJKA
DIMNJAK	ZID
KUHINJA	KAT
SPAVAĆA SOBA	VRATA
TUŠ	PODRUM
METLA	KROV
OGLEDALO	OGRADA
GARAŽA	PROZOR

25 - Artes Visuales

```
P  S  O  R  Đ  F  Y  K  P  S  I  W  N  G
Đ  T  L  K  N  I  Đ  B  T  A  L  C  J  Z
H  S  O  S  A  S  T  A  V  Z  F  I  L  M
R  N  V  M  M  F  J  U  V  A  N  Z  K  F
N  O  K  R  E  A  T  I  V  N  O  S  T  A
U  G  A  R  M  K  T  V  R  M  H  K  U  U
V  O  K  R  E  D  A  R  L  E  C  U  M  G
P  E  R  S  P  E  K  T  I  V  A  L  J  L
L  B  C  D  T  P  N  G  I  C  H  P  E  J
S  T  A  L  A  K  N  Z  H  F  A  T  T  E
R  E  M  E  K  D  J  E  L  O  K  U  N  N
P  O  R  T  R  E  T  C  E  A  R  R  I  D
V  O  S  A  K  E  R  A  M  I  K  A  K  S
G  L  I  N  A  S  R  J  T  F  G  Đ  R  L
```

GLINA	SKULPTURA
UMJETNIK	OLOVKA
LAK	REMEK-DJELO
STALAK	FILM
UGLJEN	PERSPEKTIVA
VOSAK	SLIKA
KERAMIKA	MATRICA
SASTAV	PORTRET
KREATIVNOST	KREDA

26 - Escuela #2

```
M A O B R A Z O V A N J E B
Z Z L K A L E N D A R R B P
U B L P Č I T A N J E R Z R
S L M Y U B A U T O B U S I
I G R E N M S Č G L I K Y B
A U A V A P H I R O K S N O
K K F U L A D T A V N A O R
O N A G O P W E M K J K A J
Z D J D P I E L A A I E E E
V K J I E R N J T Š Ž J S Č
S S C E G M V K I K N C A N
N Y T V Ć E S M K A I O E I
B W M Z U A T K A R C O Y K
Z N A N O S T R I E A Z L V
```

AKADEMSKI	ČITANJE
AUTOBUS	KNJIGE
KNJIŽNICA	RUKSAK
KALENDAR	RAČUNALO
ZNANOST	PAPIR
RJEČNIK	UČITELJ
OBRAZOVANJE	ODJEĆA
GRAMATIKA	PRIBOR
IGRE	ŠKARE
OLOVKA	

27 - Selva Tropical

```
U B O L J U L O Z V R N Z V
C O O P S T A N A K A E A O
V T P T B O O O M U Z P J D
K A F I Z Č R Č A K N N E O
S N V C Y I T U H C O D D Z
P I R E V Š F V O I L O N E
R Č S O K T N A V K I B I M
I K T A B E R N I F K N C C
R I A N V L L J N R O O A I
O P C C K C A E A M S V Z J
D K L I M A I C R V T A R L
A V Đ A R S Đ G I K D J U I
W S Đ A U T O H T O N O V B
T U D Ž U N G L A I S L W I
```

VODOZEMCI	MAHOVINA
BOTANIČKI	PRIRODA
KLIMA	OBLACI
ZAJEDNICA	PTICE
RAZNOLIKOST	OČUVANJE
VRSTA	UTOČIŠTE
AUTOHTONO	OBNOVA
KUKCI	DŽUNGLA
SISAVCI	OPSTANAK

28 - Colores

```
F H S M G U O Đ W H F Z L C
H B E Z A Đ I P I A U E J I
G I P F A G M S D D K L U J
L J I D C K E B E Ž S E B A
P E J C O C R N A S I N I N
G L A B A R T N T H J T Č O
Z I A E S V S W O A A O A A
O E O V K E S I V A C B S N
S M E Đ A N V N V V K A T A
N Y Đ N K A D D E N N Đ A R
K I S Đ R U Ž I Č A S T A A
M Y B K A F R G M G L B L N
V J K M C Đ V O U Đ S H O Č
Ž U T A B O J A O D R K A A
```

ŽUTA BOJA	SMEĐ
PLAVA	NARANČA
BEŽ	CRNA
BIJELI	LJUBIČASTA
CIJAN	CRVENA
FUKSIJA	RUŽIČASTA
SIVA	SEPIJA
INDIGO	ZELEN
MAGENTA	

29 - Adjetivos #1

```
G  S  V  E  L  I  K  O  D  U  Š  A  N  A
P  G  S  T  H  Y  G  G  N  N  W  Z  K  K
M  R  A  K  T  L  L  R  Z  C  R  A  P  T
S  L  G  A  A  P  S  O  L  U  T  A  N  I
A  V  A  Ž  N  O  Đ  M  I  E  J  E  N  V
V  R  A  D  V  M  F  A  W  H  Z  F  U  A
R  U  O  F  I  I  B  N  E  V  I  N  A  N
Š  S  I  M  A  M  B  I  C  I  O  Z  A  N
E  P  N  I  A  T  R  A  K  T  I  V  A  N
N  O  W  G  D  T  S  V  I  J  E  T  A  O
M  R  W  Đ  P  I  S  K  R  E  N  Š  T  F
N  I  F  M  Z  I  G  K  M  J  P  V  K  A
G  T  A  I  S  V  E  L  I  K  I  H  Đ  A
Y  I  M  O  D  E  R  A  N  V  S  E  M  J
```

APSOLUTAN	ISKREN
AKTIVAN	VAŽNO
AMBICIOZAN	NEVIN
AROMATSKI	MLADI
ATRAKTIVAN	USPORITI
SVIJETAO	MODERAN
OGROMAN	MRAK
VELIKODUŠAN	SAVRŠEN
VELIKI	TEŠKA

30 - Familia

```
T Y A Y I A J G R L J T Đ Z
F E O H N P B J G V M V D Y
H W T L F R M U T U C L J M
O I P K Đ E H I N D F S E R
N V H Ć A D D J E C A N T O
T I E I M A J Č I N S K I Đ
B H S S U K E D B E S D N A
C A Y S Ž U D K R Ć E I J K
Đ Đ K K U P N M A A S J S A
V M M A J K A U T K T E T Y
S U P R U G A J K I R T V F
N E Ć A K H D A G N A E O J
W F E F G U Z K E J N D G Y
O T A C L S F R I A T H W O
```

BAKA
DJED
PREDAK
SUPRUGA
SESTRA
BRAT
KĆI
DJETINJSTVO
MAJKA
MUŽ

MAJČINSKI
UNUK
DIJETE
DJECA
OTAC
ROĐAK
NEĆAKINJA
NEĆAK
TETKA
UJAK

31 - Disciplinas Científicas

```
P  S  M  I  N  E  R  A  L  O  G  I  J  A
Đ  O  M  E  H  A  N  I  K  A  J  B  B  I
L  C  A  N  A  T  O  M  I  J  A  I  I  M
P  I  G  E  O  L  O  G  I  J  A  O  O  U
N  O  N  E  I  Đ  E  Z  Đ  P  D  L  K  N
V  L  D  G  K  D  T  F  G  K  K  O  E  O
M  O  W  E  V  O  G  J  V  B  U  G  M  L
J  G  C  F  K  I  L  F  D  L  K  I  I  O
R  I  K  Y  V  D  S  O  K  G  E  J  J  G
H  J  F  Y  W  F  J  T  G  N  M  A  A  I
D  A  G  B  K  P  A  R  I  I  I  P  H  J
B  O  T  A  N  I  K  A  W  K  J  A  G  A
A  R  H  E  O  L  O  G  I  J  A  A  I  K
T  E  R  M  O  D  I  N  A  M  I  K  A  C
```

ANATOMIJA	IMUNOLOGIJA
ARHEOLOGIJA	LINGVISTIKA
BIOLOGIJA	MEHANIKA
BIOKEMIJA	MINERALOGIJA
BOTANIKA	KEMIJA
EKOLOGIJA	SOCIOLOGIJA
GEOLOGIJA	TERMODINAMIKA

32 - Gatos

```
S U H G Š K O A R S T D R K
K N E Z A V I S N A O J E A
H Đ A F P P S F O B R Z O N
F R W D A R M N H B Z D S D
Đ A R V D E I K R Z N O S Ž
M I Š I I Đ J R E F A O P A
S N V Đ V A E A P L T M S S
M P B P L Y Š Z W K I D C T
S A A K J N N I H I Ž A Y I
Đ H L V I I O G P O E M I D
P K O E A N N R U T L U D L
Z I V L N T F A T I J M V J
K W A Z V I I N H Y A C U I
G A C O V H B K U D N N N V
```

LOVAC	LUD
REP	ŠAPA
ZNATIŽELJAN	OSOBNOST
SPAVATI	KRZNO
KANDŽA	MALEN
SMIJEŠNO	MIŠ
PREĐA	BRZO
NEZAVISNA	DIVLJI
RAZIGRAN	STIDLJIV

33 - Cocina

```
V S N Z P S P U Ž V A M U N
I B Z A R E Y Y V W O S Š C
L R Đ M V O Ć P Ž K W Y A D
I E O R S N Y N L E K R L L
C T S Z D G P O I Đ V O I V
E K U I K J H Ž C C O Š C M
J A S V A R H E E K A T E V
F P O A D O Y V O B K I Z R
R J Đ Č A J N I K L U L A Č
H R A N A R E C E P T J Č C
Z D J E L A Y G O A L E I A
H L A D N J A K A K A S N M
P R E G A Č A S C B Č T I C
U B R U S O Đ H V F A I E G
```

ČAJNIK   PEĆNICA
JESTI   VRČ
HRANA   ROŠTILJ
ZAMRZIVAČ   RECEPT
ŽLICE   HLADNJAK
KUTLAČA   UBRUS
NOŽEVI   ŠALICE
PREGAČA   ZDJELA
ZAČINI   VILICE
SPUŽVA

34 - Escuela #1

```
D S I K A R T Z Y O O N P Z
C S T O L I C A C G D B R Z
Đ O L O V K E B R H G B I Z
R Y Z E L V J A I O O R J M
I U Č I T I B V W U V O A A
W Č Č M N Z I A K R O J T B
A I J A A N R S H B R E E E
A O J U K P A P I R I V L C
T N O Z N A E Y S B W I J E
P I L S J O M I P D W U I D
T C O W I J U Č I T E L J A
S A V R G H D F T B I Z R V
P R K I E K N J I Ž N I C A
N E A M A T E M A T I K A Y
```

ABECEDA
RUČAK
PRIJATELJI
UČITI
UČIONICA
KNJIŽNICA
MAPE
ZABAVA
STOL
KVIZ

ISPITI
OLOVKA
KNJIGE
MATEMATIKA
BROJEVI
PAPIR
OLOVKE
UČITELJ
ODGOVORI
STOLICA

35 - Adjetivos #2

```
P  J  Đ  Đ  A  E  L  I  H  Z  E  D  J  S
O  W  D  I  Z  D  R  A  V  A  L  R  E  U
N  O  V  O  Đ  J  C  Z  G  N  E  A  S  H
O  S  I  E  U  M  O  R  N  I  G  M  T  O
S  V  J  E  Ž  E  J  V  A  M  A  A  I  D
A  O  P  I  S  N  I  A  J  L  N  T  V  G
N  P  S  L  A  N  G  V  K  J  T  I  O  O
H  R  N  H  V  R  A  F  M  I  A  Č  R  V
B  I  A  K  U  T  N  I  U  V  N  A  C  O
P  R  O  D  U  K  T  I  V  N  I  N  B  R
V  O  K  S  K  R  E  A  T  I  V  N  I  A
A  D  N  O  R  M  A  L  A  N  Y  D  W  N
J  N  W  L  P  H  O  Z  S  O  R  E  Y  O
Z  O  P  O  Z  N  A  T  I  N  O  U  Y  R
```

UMORNI	PRIRODNO
JESTIVO	NORMALAN
KREATIVNI	NOVO
OPISNI	PONOSAN
DRAMATIČAN	AKUTNI
ELEGANTAN	PRODUKTIVNI
POZNATI	ODGOVORAN
SVJEŽE	SLAN
JAK	ZDRAV
ZANIMLJIV	SUHO

36 - Cuerpo Humano

```
U D F D I D K M B A G Z F H
S R A M Z E R O Z J I I K A
T P A R L D V Z L R G S O W
A S M J R L K A I J L J Ž N
E N O S S B J K C E E H A R
R O K O P R S T E Z Ž N M R
L G L A V A A U I I A D O J
V A J L H D E F S K N F O L
A R K T R A M E F D J J M M
Y U A A J S O O N V F M G W
U K F T T Y B C S D E H U D
H A Đ Đ Z U W W O P T U Y Y
O S R C E T A M C P V N R I
I K M A S A V H K I G L D T
```

BRADA	JEZIK
USTA	RUKA
GLAVA	NOS
LICE	OKO
MOZAK	UHO
LAKAT	KOŽA
SRCE	NOGA
VRAT	KOLJENO
PRST	KRV
RAME	GLEŽANJ

37 - Ciencia

```
M O L E K U L E P G S F K N
Z I C G M T S J R L M O E E
K N N J Č E S T I C E S M K
V C A E H Z T D R R J I I S
U F K N R J L O O G F L J P
Y B B C S A O V D W P J S E
K Y J E E T L P A A K V K R
F I Z I K A V I C S R B I I
P O D A C I B E U H A T O M
H C M U A L H G N B O Đ I E
L A B O R A T O R I J Z Đ N
O R G A N I Z A M L K Z K T
K L I M A C E H P J U U V W
W P G C H I P O T E Z A G S
```

ATOM   METODA
ZNANSTVENIK   MINERALI
KLIMA   MOLEKULE
PODACI   PRIRODA
EKSPERIMENT   ORGANIZAM
FIZIKA   ČESTICE
FOSIL   BILJE
HIPOTEZA   KEMIJSKI
LABORATORIJ

38 - Dinosaurios

```
P W I N Z P C N B F O B O O
N J Z P E T Y L E J G I N V
N R V R M S O G R W R L M E
B N T A L Z T M V E O J E L
V I K P J E G A P U M O S I
E E U O A B C Z N R A J O K
V Z L V N S N A Ž A N E Ž I
O A C I F O S I L I K D D B
L Č N J Č S V E J E D I E V
U A V E I I K O E K J Đ R R
C R B S C A N N D Z R J S S
I A A N R R M A M U T I Y T
J N K I E U K R N J G H L A
A I Z Đ P L I J E N P H N A
```

KRILA
MESOŽDER
REP
NESTANAK
OGROMAN
VRSTA
EVOLUCIJA
FOSILI
VELIKI
BILJOJEDI

MAMUT
SVEJED
SNAŽAN
PRAPOVIJESNI
PLIJEN
GMAZ
VELIČINA
ZEMLJA
ZAČARANI

39 - Restaurante #2

```
L  S  V  O  D  A  I  H  S  Y  K  Ž  U  K
Đ  T  O  L  R  G  J  E  P  J  P  L  K  O
Z  O  Ć  L  V  E  Č  E  R  A  W  I  U  N
B  L  E  H  R  P  U  B  E  U  N  C  S  O
A  I  J  A  I  U  B  V  D  Đ  Č  A  N  B
A  C  W  W  B  U  I  I  J  A  J  A  O  A
L  A  J  P  A  T  Đ  L  E  J  L  S  K  R
C  S  B  V  I  C  Z  I  L  J  U  H  A  C
T  O  R  T  A  Ć  B  C  O  L  R  D  E  O
S  A  L  A  T  A  E  A  T  E  P  C  P  T
P  O  V  R  Ć  E  M  O  V  D  B  Y  L  J
Z  A  Č  I  N  I  F  D  M  C  Đ  G  A  K
O  T  W  O  F  H  G  S  W  A  E  M  R  D
F  U  F  T  A  L  N  P  Z  Đ  Z  T  E  N
```

VODA	VOĆE
RUČAK	LED
PREDJELO	JAJA
PIĆE	TORTA
KONOBAR	RIBA
VEČERA	SOL
ŽLICA	STOLICA
UKUSNO	JUHA
SALATA	VILICA
ZAČINI	POVRĆE

40 - Profesiones #1

```
S  I  P  A  P  U  R  E  D  N  I  K  G  V
C  H  I  M  A  S  T  R  O  N  O  M  L  A
I  O  J  B  E  B  I  G  V  Z  E  E  A  T
Z  D  A  A  C  A  Đ  H  M  O  I  F  Z  R
N  V  N  S  T  N  G  E  O  L  O  G  B  O
A  J  I  A  L  K  Z  L  R  L  U  Z  E  G
N  E  S  D  T  A  M  R  N  H  O  J  N  A
S  T  T  O  S  R  T  C  A  E  M  G  I  S
T  N  R  R  D  P  T  Y  R  Z  Z  Z  K  A
V  I  K  E  P  L  O  V  A  C  U  L  W  C
E  K  E  W  N  P  C  R  E  G  Y  A  B  P
N  E  P  T  H  E  R  G  T  B  K  T  E  R
I  M  A  E  S  O  R  I  H  A  U  A  W  E
K  P  L  E  S  A  Č  I  C  A  Š  R  R  D
```

ODVJETNIK
ASTRONOM
SPORTAŠ
PLESAČICA
BANKAR
VATROGASAC
LOVAC
ZNANSTVENIK
UREDNIK

AMBASADOR
TRENER
GEOLOG
ZLATAR
MORNAR
GLAZBENIK
PIJANIST
PSIHOLOG

41 - Vehículos

```
P O D M O R N I C A S H Y Z
H E L I K O P T E R T I Z R
G U M E B I H K J M R T B A
U Đ Đ B Y F N V H O A N I K
M R P Y G W Đ L Đ T K A C O
E A K A R A V A N O T P I P
Đ K A Č U N A K B R O O K L
M E M A U T O B U S R M L O
Č T I D G R O T V T Y O L V
A A O H J A S M A H Đ Ć H R
M B N R Đ J P S O K O M B I
A Y B E W E L B W B S U E D
C B S E R K A K N G I I G J
P H G H W T V W I O R L W B
```

HITNA POMOĆ   TRAJEKT
AUTOBUS   KOMBI
ZRAKOPLOV   HELIKOPTER
SPLAV   ČUNAK
ČAMAC   MOTOR
BICIKL   GUME
KAMION   PODMORNICA
KARAVAN   TAKSI
AUTOMOBIL   TRAKTOR
RAKETA   VLAK

42 - Vacaciones #2

```
P C P P U T O V N I C A Š R
P F M L S F D D F B S L A E
L U F K A R T A M S U A T Z
A V T P V N N P B O E J O E
Ž L A O U I I T J U R V R R
A A K T V I B N M O R E Y V
U K S O H A Z W E F C Y J A
J S I K J A N V I Z A H P C
Y Đ S V G J P J H O T E L I
P R I J E V O Z E Đ Y W Đ J
K B O C O D R E D I Š T E E
S T R A N A C Đ J L Y S H C
F O T O G R A F I J E L H S
R E S T O R A N E N Z Đ O K
```

ŠATOR
ODREDIŠTE
STRANAC
FOTOGRAFIJE
HOTEL
OTOK
KARTA
MORE
PLANINE
PUTOVNICA

PLAŽA
REZERVACIJE
RESTORAN
TAKSI
PRIJEVOZ
VLAK
ODMOR
PUTOVANJE
VIZA

43 - Cumpleaños

```
P  K  P  O  S  E  B  A  N  L  B  K  M  P
N  R  A  S  K  I  Đ  Đ  B  D  T  Đ  L  O
D  Z  I  L  C  S  J  E  Ć  A  N  J  A  Z
V  R  I  J  E  M  E  T  O  R  T  A  D  I
S  R  E  T  A  N  P  J  E  S  M  A  I  V
K  C  H  B  Đ  T  D  R  B  D  U  D  U  N
A  O  V  G  S  S  E  A  O  D  N  A  Č  I
R  C  I  G  F  H  E  L  R  S  W  N  I  C
T  M  U  D  R  O  S  T  J  Đ  L  T  T  E
I  R  A  D  O  S  T  A  N  I  U  A  I  S
C  S  V  I  J  E  Ć  E  T  M  V  G  V  P
E  B  R  B  U  P  M  L  K  W  C  U  S  A
Đ  L  A  U  J  D  G  O  D  I  N  A  A  R
E  N  H  R  O  Đ  E  N  N  W  W  Z  U  L
```

RADOSTAN POZIVNICE
PRIJATELJI MLADI
GODINA ROĐEN
UČITI TORTA
KALENDAR SJEĆANJA
PJESMA DAR
PROSLAVA MUDROST
DAN KARTICE
POSEBAN VRIJEME
SRETAN SVIJEĆE

44 - Baile

```
K  C  P  U  Z  I  R  I  T  A  M  R  O  L
L  H  B  O  C  M  Z  D  R  Ž  A  N  J  E
A  K  O  R  E  O  G  R  A  F  I  J  A  V
S  P  M  A  C  K  N  P  A  R  T  N  E  R
I  K  U  L  T  U  R  A  S  Ž  N  I  H  S
Č  P  G  U  K  G  H  I  N  K  A  F  L  O
N  R  A  P  M  U  B  A  Y  E  O  J  D  J
I  O  O  U  Z  G  L  A  Z  B  A  K  A  O
L  B  M  I  L  O  S  T  I  J  E  L  O  N
R  A  D  O  S  T  A  N  U  D  H  H  O  V
H  E  Đ  A  M  A  P  O  K  R  E  T  K  I
A  K  A  D  E  M  I  J  A  I  N  W  U  D
R  J  L  E  M  O  C  I  J  A  H  I  D  N
T  R  A  D  I  C  I  O  N  A  L  A  N  I
```

AKADEMIJA	MILOST
RADOSTAN	POKRET
KLASIČNI	GLAZBA
KOREOGRAFIJA	DRŽANJE
TIJELO	RITAM
KULTURA	SKOK
KULTURNI	PARTNER
EMOCIJA	TRADICIONALAN
PROBA	VIDNI
IZRAŽAJAN	

45 - Matemáticas

```
R  D  Đ  A  E  F  R  A  K  C  I  J  A  P
A  T  E  O  K  O  M  I  C  A  E  E  P  A
D  R  O  C  N  O  U  A  M  N  N  D  A  R
I  O  A  I  I  P  O  L  I  G  O  N  R  A
J  K  P  S  I  M  E  T  R  I  J  A  A  L
U  U  Đ  E  N  A  A  I  E  O  S  D  L  E
S  T  B  T  R  Đ  R  L  Đ  P  F  Ž  E  L
K  U  T  O  V  I  R  O  A  S  E  B  L  N
O  K  V  O  L  U  M  E  N  E  R  A  O  O
P  W  P  R  O  M  J  E  R  G  A  L  G  J
V  P  R  A  V  O  K  U  T  N  I  K  R  M
E  K  S  P  O  N  E  N  T  A  E  R  A  B
A  R  I  T  M  E  T  I  K  A  R  C  M  W
G  E  O  M  E  T  R  I  J  A  A  S  V  T
```

ARITMETIKA	PARALELNO
KUTOVI	PARALELOGRAM
OPSEG	PERIMETAR
DECIMALA	OKOMICA
PROMJER	POLIGON
JEDNADŽBA	RADIJUS
SFERA	PRAVOKUTNIK
EKSPONENT	SIMETRIJA
FRAKCIJA	TROKUT
GEOMETRIJA	VOLUMEN

46 - Restaurante #1

```
B L N N V U I C U J S K S A
L M I A R G M O O E A U V R
A L E R G I J A P L S H V E
G H H L J K O M K O T I I Z
A E J O P S B B A V O N Z E
J E T U I L N L V N J J F R
N H G Y L Đ M V A I C A M V
I R U D E M E S O K I M E A
K A K U T N I A B P D Z Y C
R N U B I N I Đ U J E S T I
U A Z R N O O C U A S L J J
H D I U A Ž V Z D J E L A A
J L V S K O N O B A R I C A
T A N J U R G T V L T L Z T
```

ALERGIJA
KAVA
BLAGAJNIK
KONOBARICA
MESO
KUHINJA
JESTI
HRANA
NOŽ
SASTOJCI

JELOVNIK
KRUH
AKUTNI
TANJUR
PILETINA
DESERT
REZERVACIJA
UMAK
UBRUS
ZDJELA

47 - Profesiones #2

```
J D G R L R I N Ž E N J E R
S E Y K C I Z O O L O G N S
L T Z Đ N B Đ V B D K W O P
I E F I K N J I Ž N I Č A R
K K O L K Y G N Z Z R V K D
A T T U A O P A K U U P F J
R I O S P S S R B B R T I R
W V G T F I T L F A G Y L N
W S R R K L L R O R K G O B
B P A A I N H O O V Z G Z I
L F F T R J J Đ T N A O O O
E U L O V R T L A R A C F L
Y J P R O F E S O R D U F O
I S T R A Ž I V A Č V J T G
```

ASTRONAUT	INŽENJER
KNJIŽNIČAR	ISTRAŽIVAČ
BIOLOG	VRTLAR
KIRURG	JEZIKOSLOVAC
ZUBAR	NOVINAR
DETEKTIV	PILOT
FILOZOF	SLIKAR
FOTOGRAF	PROFESOR
ILUSTRATOR	ZOOLOG

48 - Senderismo

```
M K A M P I R A N J E T U Đ
M M M N B R P R I P R E M A
U O L F G K I K V B C Š O H
P A R K O V I R O O F K R D
K D P L S O G J O M D A N L
A I L I U D Đ D D A A I T
M V A M N I U C B K A R T A
E L N A Č K V L I T I C A
N J I T E I N Z Y Z G H M I
J I N R D R Z J J K S U K M
E J A G A W E J F A D N L M
Č I Z M E Ž I V O T I N J E
O R I J E N T A C I J A A F
T J E Đ K H N A M N Y A C V
```

LITICA   KOMARCI
VODA   PRIRODA
ŽIVOTINJE   ORIJENTACIJA
ČIZME   PARKOVI
KAMPIRANJE   TEŠKA
UMORNI   KAMENJE
KLIMA   PRIPREMA
VODIČI   DIVLJI
KARTA   SUNCE
PLANINA

49 - Naturaleza

```
V O N K N O J U M H O P I S
M A G L A K B D J Y B U T P
S U P H C Y Z W E V L S K O
K V Č G E A Š U M A A T T K
L J E P O T A A T R C I R O
O M L T D L C L I K I N O J
N I E R I J E K A T Z J P A
I R R U N Š D D I I O A S N
Š N O S A D T U E K F H K C
T O Z W M I F E U N H Đ I L
E M I Ž I V O T I N J E F I
H E J F Č L B I T A N A C Š
J M A Z A J Đ I G Y Z S K Ć
F S J R N I Đ F M Y B B T E
```

PČELE   MAGLA
ŽIVOTINJE   OBLACI
ARKTIK   MIRNO
LJEPOTA   SKLONIŠTE
ŠUMA   RIJEKA
PUSTINJA   DIVLJI
DINAMIČAN   SVETIŠTE
EROZIJA   SPOKOJAN
LIŠĆE   TROPSKI
LEDENJAK   BITAN

50 - Conduciendo

```
V  Đ  V  M  K  A  R  T  A  Y  M  L  U  P
T  G  N  O  O  U  F  P  L  I  N  I  L  O
R  A  E  T  Č  T  G  K  A  W  M  C  I  L
U  R  S  O  N  O  O  P  Z  H  Y  E  C  I
F  A  R  C  I  M  R  R  I  E  I  N  A  C
C  Ž  E  I  C  O  I  I  D  J  N  C  F  I
P  A  Ć  K  E  B  V  J  F  R  N  A  M  J
R  J  A  L  S  I  O  E  T  G  F  D  H  A
O  I  E  H  N  L  N  V  L  U  A  Y  R  H
M  R  B  Š  S  T  V  O  Z  I  N  H  D  V
E  G  B  B  A  B  R  Z  I  N  A  E  R  Y
T  S  D  F  E  K  A  M  I  O  N  K  L  U
O  P  A  S  N  O  S  T  R  O  F  W  G  A
S  I  G  U  R  N  O  S  T  Z  J  B  E  V
```

NESREĆA
ULICA
KAMION
AUTOMOBIL
GORIVO
KOČNICE
GARAŽA
PLIN
LICENCA
KARTA

MOTOCIKL
MOTOR
PJEŠAK
OPASNOST
POLICIJA
SIGURNOST
PRIJEVOZ
PROMET
TUNEL
BRZINA

51 - Ballet

```
I  S  I  T  Y  P  U  R  Y  E  I  K  I  F
C  W  F  L  N  R  M  N  Đ  V  N  T  Z  E
D  B  Y  L  V  O  J  K  G  S  T  N  R  R
C  O  B  W  Đ  B  E  P  L  J  E  S  A  K
P  R  A  K  S  A  T  L  A  V  N  T  Ž  G
L  K  L  P  T  U  N  E  Z  J  Z  I  A  E
E  E  E  U  E  S  I  K  B  E  I  L  J  S
S  S  R  B  H  C  Č  C  A  Š  T  Đ  A  T
A  T  I  L  N  H  K  I  M  T  E  U  N  A
Č  A  N  I  I  M  I  J  R  I  T  A  M  R
I  R  A  K  K  E  Y  E  O  N  Š  N  J  U
S  S  I  A  A  P  V  I  K  A  O  I  U  L
K  O  R  E  O  G  R  A  F  I  J  A  Ć  S
S  K  L  A  D  A  T  E  L  J  L  Đ  Đ  I
```

PLJESAK	GESTA
UMJETNIČKI	VJEŠTINA
PUBLIKA	INTENZITET
BALERINA	LEKCIJE
PLESAČI	MIŠIĆI
SKLADATELJ	GLAZBA
KOREOGRAFIJA	ORKESTAR
PROBA	PRAKSA
STIL	RITAM
IZRAŽAJAN	TEHNIKA

52 - Aventura

```
A N A V I G A C I J A B M D
V K P R I J A T E L J I Z G
O I T E N T U Z I J A Z A M
P M Z I T E Š K O Ć A B H F
A F H L V S I G U R N O S T
S A B W E N E O B I Č N O Z
N R G G Z T O L L D L W H U
O H R A B R O S T B J K P P
K L E N Y I R S T N O B M R
H D I Z N E N A Đ U J U Ć I
H L J E P O T A D N Đ R J L
O D R E D I Š T E O Đ U N I
P R I R O D A D I V S H P K
I T I N E R A R Y O F T T A
```

AKTIVNOST   ITINERAR
RADOST   PRIRODA
PRIJATELJI   NAVIGACIJA
LJEPOTA   NOVO
ODREDIŠTE   PRILIKA
TEŠKOĆA   OPASNO
ENTUZIJAZAM   SIGURNOST
IZLET   IZNENAĐUJUĆI
NEOBIČNO   HRABROST

53 - Pájaros

```
P A T K A U L G K G Y I T K
H I I G N J P A P I G A O C
R Đ L A O U R L B S M J U E
P E M E J Đ O E F U A A C K
C E U C T W D B G P D J A U
P Y L P L I A V U G P E N K
F C Y I D M N R S O K O L A
L R J N K Č F A K L J S Đ V
A B R G C A Đ N A U F T C I
M O E V P P N A G B S R K C
I A U I N L O R A O S T J A
N Z D N C J J L Đ M J C C H
G A K V R A B A C A I G Y C
O I C E I E N U B L L S D O
```

NOJ   VRABAC
ORAO   SOKOL
RODA   JAJE
LABUD   PAPIGA
KUKAVICA   GOLUB
VRANA   PATKA
FLAMINGO   PELIKAN
GUSKA   PINGVIN
ČAPLJA   PILETINA
GALEB   TOUCAN

54 - Playa

```
D K D K C A S A N D A L E V
P L I V A T I R U Č N I K G
P T J Š P L A V A O K W R C
I O S H O S N C T A T I A O
J N H W P B K Đ A K W O V S
E J F U M H R Č C T N N K K
S U N C E R L A G U N A F O
A T O L L C V M N P E B G C
K H D N O N A A B A C E G E
F Y H I E Đ K C O M Đ Đ R A
O B A L A U N H T H O T E N
E M V C B D Z O D M O R B H
C J E D R I L I C A I A E I
L G K F N V Đ A I R R K N K
```

PIJESAK	PLIVATI
GREBEN	OCEAN
PLAVA	KIŠOBRAN
ČAMAC	SANDALE
RAK	SUNCE
OBALA	RUČNIK
OTOK	ODMOR
LAGUNA	JEDRILICA
MORE	

55 - Surf

```
S E D H P R V A K T P P S P
Y T Z Đ V E S L O K L Đ P N
E I I A Đ K H P C C I M R J
Y Z V L B U A S O V V B E P
G U Ž V E A V O C R A K J O
G S P A R P V H E I T R G Č
F Z B L R J B A A J I A F E
R O P G R E B E N E H J Š T
S N A G A N F N A M P N C N
Ž E L U D A C D O E L O J I
P O P U L A R A N B A S D K
M U J K T K H H G R Ž T L C
K M S M K B R Z I N A M J U
Z L J H W S T E S L P C C Z
```

GREBEN   GUŽVE
SPORTAŠ   PLIVATI
PRVAK   OCEAN
VRIJEME   VAL
ZABAVA   PLAŽA
PJENA   POPULARAN
STIL   POČETNIK
ŽELUDAC   VESLO
KRAJNOST   SPREJ
SNAGA   BRZINA

56 - Geografía

```
K D D A S K T H N J P M M I
O O C Đ V R K E C R L S F Đ
N I Z P I S B M W U A Y W E
T P B I J G W I B N N Đ S R
I F C S E P V S L M I O Y R
N F K G T G M F Z W N S Z B
E Z A P A D V E R J A P R H
N Š R M O R E R S J E V E R
T I T Z F T Z A J S J B G G
G R A B Y O O V S U J Y I R
R I J E K A T K Y L G E J A
A N E H U W H D U Ž I N A D
C A A N J M I A Z E M L J A
O V I S I N A T L A S J J G
```

VISINA	MORE
ATLAS	PLANINA
GRAD	SVIJET
KONTINENT	SJEVER
HEMISFERA	ZAPAD
OTOK	ZEMLJA
ŠIRINA	REGIJA
DUŽINA	RIJEKA
KARTA	JUG

57 - Deportes

```
U D N P O B J E D N I K S P
F O R S L W J S T A D I O N
F M J B N I G U V U W U D D
N S O I E H V D D T T I P G
E P O C I J G A N I I G R A
T O H I U V Z C T M A R V F
T R A K I U O B K I N A E P
E T E L P D N G O L F Č N L
N A U N W B R T Š L F D S H
I Š T R E W E F A G D W T O
S K U H E R B D R A L E V K
U U Y R R C P O K R E T O E
Đ I J E G I M N A Z I J A J
G I M N A S T I K A H B Z F
```

SPORTAŠ   GIMNASTIKA
SUDAC   GIMNAZIJA
KOŠARKA   GOLF
BEJZBOL   HOKEJ
BICIKL   IGRA
PRVENSTVO   IGRAČ
TRENER   POKRET
TIM   PLIVATI
STADION   TENIS
POBJEDNIK

58 - Actividades

```
L G L Đ I J B N Z I F P A V
N O Z G V R T L A R S T V O
E S V I S C E K D G I W Z P
K E R A M I K A O U N T A U
Č J G H S G M V V M T Y G Š
Đ I P I J R A J O J E S O T
Y N T J K E G E L E R L N A
Š M D A A L I Š J T E I E N
I E S U N J J T S N S K T J
V H Đ T P J A I T O I A K E
A J H S A F E N V S B L E W
N W A Y Đ R H A O T Z R E D
J A K T I V N O S T A Z T Z
E R A N U R I B A R S T V O
```

AKTIVNOST
UMJETNOST
OBRT
LOV
KERAMIKA
ŠIVANJE
VJEŠTINA
INTERESI
VRTLARSTVO

IGRE
ČITANJE
MAGIJA
RIBARSTVO
SLIKA
ZADOVOLJSTVO
OPUŠTANJE
ZAGONETKE

59 - Verduras

```
P E R Š I N Đ Z L S C K L Y
R A J Č I C A R T I Č O K A
G Đ T K R A S T A V A C D E
L C E L E R V R I B C G T L
U B S B I C E B Z U W T M G
K Z T Z K D Č E Š N J A K L
M R K V A E Ž D Đ D W M Z J
E P M L F G J A R E P A L I
Z F W S Đ K R Y N V C S Đ V
Š P I N A T P A L A S L U A
B R O K U L A M Š C T I M Z
I I J G Đ U A Đ R A D N B Z
K R U M P I R T O W K A I Đ
R O T K V I C A A G N V R Z
```

ČEŠNJAK	ĐUMBIR
ARTIČOKA	REPA
CELER	MASLINA
PATLIDŽAN	KRUMPIR
BROKULA	KRASTAVAC
BUNDEVA	PERŠIN
LUK	ROTKVICA
SALATA	GLJIVA
ŠPINAT	RAJČICA
GRAŠAK	MRKVA

60 - Instrumentos Musicales

```
E F E E V Đ C Y L H J B V D
Z T A B S L I K K E C E I I
Z I M G U L S U N U H N O K
K G E V O B A V H D V D L L
T I E A T T A N S A O Ž I A
B T V F R H T N Z R R O N V
S A K S O F O N J A F F A I
M R H Z M U J A F L L G A R
U A Z P B V L L T J A O U U
H A R M O N I K A K U N U Y
E F O Đ N I J D K E T G H V
G G B M A R I M B A A L R E
E L O M A N D O L I N A J R
K L A R I N E T R U B A T O
```

HARMONIKA   MARIMBA
HARFA   OBOA
BENDŽO   UDARALJKE
KLARINET   KLAVIR
FAGOT   SAKSOFON
FLAUTA   BUBANJ
GONG   TROMBON
GITARA   TRUBA
MANDOLINA   VIOLINA

61 - Escalada

```
S A T M O S F E R A Đ A O S
V Š M N C D U O J Z T L B T
I P P F W J U I J Y R S U A
S J Z I S T R U Č N J A K B
I E N Z L U V Đ M H V O A I
N Š A I G J L N S V O B T L
A A T Č R S A E I Č D M R N
M Č I K U N U S U Z I T I O
K E Ž I K A C I G A Č Z Y S
A N E R A G R T N U I U M T
R J L E V A E E F O B S O E
T E J J I Y B R F T A P G K
A N A K C V B E B E J S R F
O Z L J E D A N T N R Đ M Y
```

VISINA
ATMOSFERA
ČIZME
KACIGA
ŠPILJA
ZNATIŽELJA
STABILNOST
SUZITI
STRUČNJAK

FIZIČKI
OBUKA
SNAGA
RUKAVICE
VODIČI
OZLJEDA
KARTA
PJEŠAČENJE
TEREN

62 - Mascotas

```
C U T B V E R K K C U E N G
S G P Š A P E O I B D M T U
L Z T A J K B Z E Đ K R I Š
R O P T S H R A N A O I M T
P A P I G A O A O O R Đ A E
M A Č K A W V Z V F N R Č R
E Y M U Y K R E O A J I E E
N Š M I Š T A C D B A B Y P
G V T E K R T C A I Č A U M
V E T E R I N A R L A K O T
O D L R N P I K K M N G W C
T N Y I P E K S P P R B O U
H R Č A K S D S I E L P D N
K A N D Ž E C T I R G H A E
```

VODA
KOZA
ŠTENE
REP
OVRATNIK
HRANA
ZEC
KANDŽE
MAČE
MAČKA

HRČAK
GUŠTER
PAPIGA
ŠAPE
PAS
RIBA
MIŠ
KORNJAČA
KRAVA
VETERINAR

63 - Formas

```
H D C U D W P P S J J K P M
G V F R C Đ Y P F Đ Y O O T
T G E L T F P I E P H C L R
K O V A L A N R R R I K I O
L K E L I P S A A A P A G K
E A W U F R G M G V E E O U
F J C K K I S I Z O R K N T
G J I U W Z G D F K B R U I
K M L G W M Đ A A U O I C J
U O I K H A O W P T L V G M
T S N R U B O V I N A U Đ R
E D D U A L V V R I W L L O
E I A G S Z G T F K O J J Z
S T R A N A K V A D R A T C
```

LUK   KUT
RUBOVI   HIPERBOLA
CILINDAR   STRANA
KRUG   CRTA
KONUS   OVALAN
KVADRAT   PIRAMIDA
KOCKA   POLIGON
KRIVULJA   PRIZMA
ELIPSA   PRAVOKUTNIK
SFERA   TROKUT

64 - Flores

```
T L H U K M B N S S Z P L S
R A I A T M O J Z O F V J I
A V B L Z W Ž B U K E T I D
T A I M A K U Đ N F L J L R
I N S G A M R C T R J B J G
N D K B A G H W T R U Ž A D
Č A U S K R N A R C I S N J
I Y S A T V D O T G L M L E
C L J D J V A E L B C C A T
A G G J A S M I N I C C T E
O R H I D E J A P I J E I L
P L U M E R I J A N J A C I
M A S L A Č A K G D U A A N
S U N C O K R E T H N R U A
```

MAK
MASLAČAK
GARDENIJA
SUNCOKRET
HIBISKUS
JASMIN
LAVANDA
LILA
LJILJAN
MAGNOLIJA

TRATINČICA
NARCIS
ORHIDEJA
BOŽUR
LATICA
PLUMERIJA
BUKET
RUŽA
DJETELINA

65 - Astronomía

```
Đ G Y S L Z M J E S E C P Z
G A Đ P M E R A K E T A L V
V L C O E M F A L H L K A A
E A D M T L I S Č T R V N S
S K O R E J B T S E F Y E T
U S V Č O A B R A L N Z T E
P I U I R O V O T E H J A R
E J F N N L K N E S S K E O
R A K A E O V O L K G E T I
N J G O T P C M I O U V U D
O Đ G K Z W U I T P K B B P
V N A U H M W M J F P E O D
A N E B O S O U K A C K D M
F D R S V M Y S C D I C W B
```

ASTEROID   MJESEC
ASTRONOM   METEOR
NEBO   PLANETA
RAKETA   ZRAČENJE
KOZMOS   SATELIT
POMRČINA   SUPERNOVA
EKVINOCIJA   TELESKOP
GALAKSIJA   ZEMLJA

66 - Tiempo

```
P O D N E J S D A N A S K T
S N M J N U K A Đ P O A A R
D T G T M Č J U T R O Ć L E
E J O L V E B R I I T U E N
S E D L M R U A G J W Đ N U
E D I W J B D N O E W T D T
T A Š B E E U O D M S D A A
L N N C S J Ć N I I A K R K
J D J G E H N E N N D O Y G
E W I D C W O J A U A E D F
Ć J J D P L S D T T P B A N
E P L S I O T Z B A L E N A
Y Y N R S K L B V J H J R N
T J J I K V P C B R N N Y H
```

SADA
PRIJE
GODIŠNJI
GODINA
JUČER
KALENDAR
DESETLJEĆE
DAN
BUDUĆNOST
DANAS

JUTRO
PODNE
MJESEC
MINUTA
TRENUTAK
NOĆ
SAT
TJEDAN
STOLJEĆE
RANO

67 - Paisajes

```
P V H W R R G J C P L H Đ R
R U H I E T E E A O E T O I
V L S P I S J Z J L D G A J
L K G T B I Z E C U E D Z E
G A N U I Z I R K O N V A K
N N R N W N R O S T A C Z A
U L E D E N J A K O M P L T
Š Đ N R W J P A I K O L A V
Ć Đ V A P L A Ž A I R A G K
E O Đ I Z Z I D V P E N U S
L T V O D O P A D O L I N A
M O Č V A R A V N F D N A Z
Y K O F K U S G K R O A D T
O R Y W E Š P I L J A J I C
```

VODOPAD	MORE
ŠPILJA	PLANINA
PUSTINJA	OAZA
UŠĆE	MOČVARA
GEJZIR	POLUOTOK
LEDENJAK	PLAŽA
LEDENA	RIJEKA
OTOK	TUNDRA
JEZERO	DOLINA
LAGUNA	VULKAN

68 - Días y Meses

```
D K W R M P Đ P L I P A N J
S L H U J E M S I H Z I J P
N V E J E T Y I S U I S K O
U E K A S A G J T V L R O N
K T D N E K O E O E B P G E
F V O J C R W Č P L C A M D
G O K R E I M A A J S N K J
U W D K A L E N D A R J O E
O A P Đ B K J J V Č I S L L
S U B O T A Z A E A J R O J
T J E D A N E I H B E K V A
G O D I N A U Đ D C D D O K
Č E T V R T A K Đ G A Đ Z Đ
S T U D E N I T R A V A N J
```

TRAVANJ	PONEDJELJAK
KOLOVOZ	UTORAK
GODINA	MJESEC
KALENDAR	SRIJEDA
NEDJELJA	STUDENI
SIJEČANJ	LISTOPAD
VELJAČA	SUBOTA
ČETVRTAK	TJEDAN
SRPANJ	RUJAN
LIPANJ	PETAK

69 - Chocolate

```
U N K V A L I T E T A K R P
K K H H R W S N G M R A E R
U G U F N R P J Z I O L C A
S O Z S L A T K O V M O E H
N R E W Đ U R I T I A R P I
O A H R N D U W I K B I T Z
J K O K U S H I Č W N J B A
S A S T O J A K N C O E L N
F R J M K N J S O U T C U A
K A K A O M I L J E N I J T
N M K I K I R I K I H D E S
K E K D O D L E K B B Z S K
V L Đ Đ S D A U Y Y K G T I
V A Š E Ć E R F F U W P I T
```

GORAK
AROMA
ZANATSKI
ŠEĆER
KIKIRIKI
KAKAO
KVALITETA
KALORIJE
KARAMELA
KOKOS

JESTI
UKUSNO
SLATKO
EGZOTIČNO
OMILJENI
UKUS
SASTOJAK
PRAH
RECEPT
OKUS

70 - Barbacoas

```
B G J O D S R Y F O N R I D
J O J K J N V N P L O O G V
Z F L V E Č E R A J Ž Š R K
C J M Y C O I U P E E T E N
D E W D A H F Č A T V I R H
N R U W U Z T A R O I L U K
J A Y K Đ O J K B L Z J W Z
K J A J U U B Y W M I H J L
I Č G E L G M I P U P A R H
P I L E T I N A T W H W R E
S C A V K U G G K E Đ L N G
U E D N O D H S S A L A T E
V R U Ć E Ć J U O W S J E S
P O V R Ć E E G L A Z B A J
```

RUČAK
VRUĆE
LUK
VEČERA
NOŽEVI
SALATE
OBITELJ
VOĆE
GLAD
IGRE

GLAZBA
DJECA
ROŠTILJ
PAPAR
PILETINA
SOL
UMAK
RAJČICE
LJETO
POVRĆE

71 - Ropa

```
O C A S J O Y B C J Š M T O
G D S M Y T I P I H Z A F F
R C Y Z U Z P D P G H Š L H
L R R S Đ Y O D E T T E J A
I D Ž E M P E R L F P Š E L
C B S D H K H Z A A R I T J
A N A R U K V I C A U R J I
D J N N V O A I S F K E P N
M O D A O Š V P O J A S R A
U Z A K S U C O U A V J E A
H E L I B L U Z A T I O G F
S A E T M J A K N A C M A J
S U K N J A T Y F B E Đ Č L
H L A Č E P I D Ž A M A A F
```

KAPUT   NAKIT
BLUZA   MODA
ŠAL   HLAČE
KOŠULJA   PIDŽAMA
JAKNA   NARUKVICA
POJAS   SANDALE
OGRLICA   ŠEŠIR
PREGAČA   DŽEMPER
SUKNJA   HALJINA
RUKAVICE   CIPELA

72 - Meditación

```
V P V V F M G P A Ž N J A P
M M R M Y G U L F I L C S O
T I D I D E C Z A C J K U K
U R Đ S R M O A Đ Z U A O R
M A D L A O R H M D B S S E
E N D I P C D V I I A A J T
R C T E J I G A R S Z V E S
P N U G C J V L E A N H Ć T
C F N J A E L N D N O L A T
D R Ž A N J E O N J S V N I
J A S N O Ć A S B E T V J Š
S K H S M E N T A L N O E I
P R I H V A Ć A N J E O P N
P E R S P E K T I V A C K A
```

PRIHVAĆANJE   POKRET
PAŽNJA   GLAZBA
LJUBAZNOST   PRIRODA
MIRAN   MIR
JASNOĆA   MISLI
SUOSJEĆANJE   PERSPEKTIVA
EMOCIJE   DRŽANJE
ZAHVALNOST   DISANJE
MENTALNO   TIŠINA
UM

73 - Comedia

```
G L U M A C B K V K H A S D
W M O B A E W G K W S Z M Z
W Đ N K A Z A L I Š T E I A
V D P S D K F U J A E K J B
O C F B W L G M P L Y I E A
P A M E T A N I A E Z A Š V
N Y Đ S N U Z C R Ž D H N A
A Z G D P N Y A O F A M O R
H Z I M N O R S D Y F N M W
Y H R Y V V S M I J E H R A
W U F N O I P L J E S A K M
I M P R O V I Z A C I J A I
B O I Z R A Ž A J A N A C J
Z R P U B L I K A R G J Z C
```

GLUMAC	SMIJEŠNO
GLUMICA	HUMOR
PLJESAK	IMPROVIZACIJA
PUBLIKA	PAMETAN
ŠALE	PARODIJA
ZABAVA	KLAUNOVI
IZRAŽAJAN	SMIJEH
ŽANR	KAZALIŠTE

74 - Libros

```
V C F S A V A N T U R A P R
A L W I Đ U E L R P P Y O E
O I N V E N T I V N I P E L
B V C P T K U O P U M T Z E
D U A L N O S T R D T Y I V
U T S I A N Z B I R K A J A
H R T T P T K M P P I A A N
O A R E I E E Č O J R N Đ T
V G A R S K E I V E O I Đ A
I I N A A S S T J S M W Č N
T Č I R N T O A E M A V U A
M N C N Đ W H Č D A N L R B
C O A I T Đ F C A T K W Y Đ
S E R I J A W H Č V H I J P
```

AUTOR
AVANTURA
ZBIRKA
KONTEKST
DUALNOST
NAPISAN
PRIČA
DUHOVIT
INVENTIVNI
ČITAČ

LITERARNI
PRIPOVJEDAČ
ROMAN
STRANICA
RELEVANTAN
PJESMA
POEZIJA
SERIJA
TRAGIČNO

75 - Nutrición

```
K T O K U S M B K I M Đ H P
A O Z Z Y J T V F I N Đ U R
L K P D I J E T A Đ H O D O
O S R R R K P S G O R A K T
R I O A T A Ž I T A R I C E
I N B V E P V N U I U J A I
J A A V Ž E R L Y A V M G N
E V V R I T E F J R M O A I
H I A S N I N B D E M N H K
B K J D A T J V I T A M I N
E E J R P F E J R I Z O D H
I U L H R A N L J I V T I W
H P K V A L I T E T A D J S
U R A V N O T E Ž E N H R G
```

GORAK   NAVIKE
APETIT   HRANLJIV
KVALITETA   TEŽINA
KALORIJE   PROTEINI
ŽITARICE   OKUS
JESTIVO   UMAK
DIJETA   ZDRAVLJE
PROBAVA   ZDRAV
URAVNOTEŽEN   TOKSIN
VRENJE   VITAMIN

76 - Edificios

```
R N E Đ Š K O L A T K F V S
B K R K N F A K I N O A A T
O P R Y D I B Z F Z K R H A
T V O R N I C A A I A M O D
M U Z E J Z Đ Đ O L B A N I
O L A B O R A T O R I J H O
H I B H D V O R A C N Š O N
I M T F P J S T A J A D T L
N G N D K A T H L R U G E E
Z V J E Z D A R N I C A L M
F J D B O L N I C A Z R C M
O G U V U R B E T O R A N J
S U P E R M A R K E T Ž J O
K C H O S T E L W Z K A K V
```

HOSTEL
STAN
KABINA
DVORAC
KINO
ŠKOLA
STADION
TVORNICA
GARAŽA
STAJA

FARMA
BOLNICA
HOTEL
LABORATORIJ
MUZEJ
ZVJEZDARNICA
SUPERMARKET
KAZALIŠTE
TORANJ

77 - Océano

```
H E S E W J O Đ W D P R K H
F C U R A E O L P T Đ A O O
N M I V B G H E U V H L R B
H T F O A U M K Z J Y Đ A O
Z E A O P L I M E H A J L T
Č A M A C J G O I R Z S J N
T U N A K A M E N I C A A I
M E D U Z A T W K B T E L C
G R E B E N Y E I A M T W A
T P U H H L G V T S O L B K
Y E R M O R S K I P A S N I
B N K M K O R N J A Č A F O
D Z D U P I N A S P U Ž V A
Š K A M P I C Z K D Z G T O
```

ALGE	SPUŽVA
JEGULJA	PLIME
GREBEN	MEDUZA
TUNA	KAMENICA
KIT	RIBA
ČAMAC	HOBOTNICA
ŠKAMPI	SOL
RAK	MORSKI PAS
KORALJA	OLUJA
DUPIN	KORNJAČA

78 - Ciudad

```
T I V F S T A D I O N H T M
P O H R A N I T I Đ O H I U
Y S U P E R M A R K E T R Z
C C V J E Ć A R F W V G Y E
N I L A J K L I N I K A L J
Š Z R A Č N A L U K A L J C
O K Z Z U J A R R I M E E K
O T O I I I V U A N L R K N
E A G L M Ž A H Đ O I I A J
U N P B A N K A O Đ Y J R I
S V E U Č I L I Š T E A N Ž
W G I L C C L D S Đ E Y A A
T M K A Z A L I Š T E L Đ R
C E Đ Đ O Z T R Ž I Š T E A
```

ZRAČNA LUKA   HOTEL
BANKA   KNJIŽARA
KNJIŽNICA   TRŽIŠTE
KINO   MUZEJ
KLINIKA   PEKARA
ŠKOLA   SUPERMARKET
STADION   KAZALIŠTE
LJEKARNA   POHRANITI
CVJEĆAR   SVEUČILIŠTE
GALERIJA

79 - Conservación

```
O V O D A P R I R O D N O R
Đ B Z P K V O L O N T E R E
W D R P E S T I C I D P G C
Z Z O A B T G V D K O O A I
R I A A Z D R A V L J E N K
A A O G S O D R Ž I V K S L
N M F M A T V G G M O O K I
W Y Y M I Đ A A L A B L I R
Đ G W G Z J E N N A C O G A
F Z H G L U U N I J I Š S T
Z E L E N S D E J Š E K A I
C I K L U S P L A E T I Z J
M L E K O S U S T A V E I O
S M A N J I T I A K Z P H V
```

VODA
EKOLOŠKI
CIKLUS
KLIMA
ZAGAĐENJE
EKOSUSTAV
OBRAZOVANJE
STANIŠTE
PRIRODNO

ORGANSKI
PESTICID
RECIKLIRATI
SMANJITI
ZDRAVLJE
ODRŽIV
ZELEN
VOLONTER

80 - Exploración

```
I O K H U Y J B D A N L S Ž
S T E R E N F E J K F L V I
C K F A Z U C I Z T V H F V
R R U B P Đ K A E I E N A O
P I B R R B U K R V K A W T
L Ć U O O D L U Č N O S T I
J E Z S S P T Č C O O M I N
E D B T T E U I E S P V S J
N Y U Z O P R T U T A D O E
O U Đ R R B E I J C S C D W
S N E P O Z N A T O A C W A
T I N D I V L J I Y N B U I
R S J P U T O V A T I L O M
C J E Z J D M R U V G Z C J
```

AKTIVNOST
ISCRPLJENOST
ŽIVOTINJE
UČITI
HRABROST
KULTURE
NEPOZNAT
OTKRIĆE
ODLUČNOST

UZBUĐENJE
PROSTOR
JEZIK
NOVO
OPASAN
DIVLJI
TEREN
PUTOVATI

81 - Campeonato

```
M U Y U S T R A T E G I J A
J A F O B U F O I C I Z Z N
J M C O H R D I M S Z D N R
Z K A Đ V N M A L M V R O P
P P L F F I C S C O O Ž J O
R R V I G R E P N T Đ L E B
K V V N B H I O L I E J N J
M E D A L J A R I V N I J E
F N T L K J B T G A J V E D
H S A I Y D T S A C E O Z A
V T W S V U B K Y I Z S G Z
Y V C T O F I I F J C T C H
F O T R E N E R A A P H A T
T K H Đ W A A O T G P G E T
```

PRVENSTVO   LIGA
PRVAK   MEDALJA
SPORTSKI   MOTIVACIJA
TRENER   IZVOĐENJE
TIM   IZDRŽLJIVOST
STRATEGIJA   TURNIR
FINALIST   ZNOJENJE
IGRE   POBJEDA
SUDAC

82 - Actividades y Ocio

```
R  I  G  Z  J  B  P  I  Z  S  L  I  K  A
K  W  Z  O  H  L  U  H  N  U  A  A  V  K
A  P  P  L  V  R  T  L  A  R  S  T  V  O
M  C  B  K  T  V  O  A  E  F  H  E  Đ  Š
P  P  Y  M  W  K  V  M  M  A  K  N  S  A
I  L  J  E  B  P  A  M  D  N  C  I  J  R
R  I  B  A  R  S  T  V  O  J  G  S  N  K
A  V  T  O  H  W  I  H  R  E  L  O  P  A
N  A  O  O  K  B  L  L  O  D  O  B  L  G
J  N  W  A  Z  S  W  Đ  E  B  E  Đ  W  F
E  J  R  O  N  J  E  N  J  E  I  Z  F  C
H  E  N  O  G  O  M  E  T  V  E  J  Đ  V
B  E  J  Z  B  O  L  G  Y  Đ  F  C  I  J
U  M  J  E  T  N  O  S  T  R  Y  D  H  U
```

HOBIJI	GOLF
UMJETNOST	VRTLARSTVO
KOŠARKA	PLIVANJE
BEJZBOL	RIBARSTVO
BOKS	SLIKA
RONJENJE	SURFANJE
KAMPIRANJE	TENIS
NOGOMET	PUTOVATI

83 - Comida #1

```
T F V M D Š J U L O Đ F P G
J U D E L P G I S W S O K W
M B E S C I M E T P A B E Š
W T O O O N J E Č A M W C E
B T N S J A U E L J S M J Ć
S O L R I T H J K J A M U E
T O U E Đ L A Y O O L E P R
O U K P A I J E M Č A T D V
D E N A T M A A R E T V L S
I T W A H U G J K Š A I A W
C C E O M N O K V N I C H H
K R U Š K A D J A J J E B O
E K O I D K A U S A F C L T
Đ S M N B G A U S K A T U T
```

ČEŠNJAK	JAGODA
BOSILJAK	SOK
TUNA	MLIJEKO
ŠEĆER	LIMUN
CIMET	METVICE
MESO	REPA
JEČAM	KRUŠKA
LUK	SOL
SALATA	JUHA
ŠPINAT	MRKVA

84 - Virtudes #1

```
B Z N A T I Ž E L J A N K L
S M I J E Š N O D L U Č N O
Y Y I U M J E T N I Č K I G
E J K N E Z A V I S N A A P
O G D M T K O R I S T A N R
C N R H Z E U U P F P E C A
E W J F R B L U I Y M C D K
S F I B P A C I J E N T S T
T Č I E Đ L P B G G O O K I
R I F K M U D A R E K I R Č
A S C I A W F W I M N V O A
S T J T F S A U D E J T M N
A P O U Z D A N E D O B A R
N D Š A R M A N T A N Y N N
```

STRASAN
UMJETNIČKI
DOBAR
ZNATIŽELJAN
ODLUČNO
EFIKASAN
ŠARMANTAN
POUZDAN
SMIJEŠNO

NEZAVISNA
INTELIGENTAN
ČIST
SKROMAN
PACIJENT
PRAKTIČAN
MUDAR
KORISTAN

85 - Literatura

```
B I O G R A F I J A U I U B
R I M A A T P A R Y Z S S B
D I J A L O G N L F L K P M
P R I P O V J E D A Č Y O A
T V O Đ W J L G A N P L R N
A E V M Z K K D O D V J E A
N J M I A U T O R P F P D L
A Đ N A K N D T J J I J B I
L B U I L L A K E K S A Z
O Y T B J P A W K S C T O A
G V V I U S G B V M I I M Đ
I T T K Č I B V V A J L I S
J F J P A R I T A M A F J R
A D S L K M E T A F O R A T
```

ANALOGIJA   STIL
ANALIZA   FIKCIJA
ANEGDOTA   METAFORA
AUTOR   PRIPOVJEDAČ
BIOGRAFIJA   ROMAN
USPOREDBA   PJESMA
ZAKLJUČAK   RIMA
OPIS   RITAM
DIJALOG   TEMA

86 - Clima

```
V T P Z K T E M O N S U N P
J E L U P O L A R N I E R O
E M U S O R E G Z A V Z B P
T P Y E V N H L M U R M U L
A E D C J A N A V E T P B A
R R U L E D S E O T M L N V
A A F J T O F P B R I T M A
M T I K A K V P L O S S R U
S U Š A R L L W A P L E D R
U R N Y A I R S K S H U F A
H A L J C M Y M P K Z Z J G
O J F G A A E B O I K I Y A
A T M O S F E R A G S Y D N
G R M L J A V I N A L F U N
```

ATMOSFERA	POLARNI
POVJETARAC	MUNJA
NEBO	SUHO
KLIMA	SUŠA
LED	TEMPERATURA
URAGAN	OLUJA
POPLAVA	TORNADO
MONSUN	TROPSKI
MAGLA	GRMLJAVINA
OBLAK	VJETAR

87 - Comida #2

```
Č O K O L A D A Đ H E T R A
R S R G E D C D Đ U M B I R
A U U B P I L E T I N A Ž T
J N H L A Š G R O Ž Đ E A I
Č C Y J T R E J B B S U I Č
I O I A L V N N K A A M J O
C K T B I T R D I I D C Đ K
A R D U D M R Đ V C A E N A
M E S K Ž Z Đ E I A A L M O
U T A A A O C A Š P Z E I K
C R G O N K J C J N K R J A
B A N A N A N S I R J H A B
W A V D Y J O G U R T A J N
I O B Đ T C R V Z E R Z E D
```

ARTIČOKA	KIVI
BADEM	JABUKA
CELER	KRUH
RIŽA	BANANA
PATLIDŽAN	PILETINA
TREŠNJA	SIR
ČOKOLADA	RAJČICA
SUNCOKRET	PŠENICA
JAJE	GROŽĐE
ĐUMBIR	JOGURT

88 - Castillos

```
F K R U N A M D Z J N R A K
S E N D P I A Z I M Z G O A
H K U J O U Č B D P A C E T
V C L D M H F I I I M J K A
P I K R A L J E V S T V O P
R Š T I T L J J Đ K T W N U
I J J E W G N O K L O P J L
N E C F Z P R I N C T K W T
C D B M C A R S T V O Đ N M
E N U J T L N R U Y R M C F
Z O J B E A T V R Đ A V A O
A R Y R S Č V M U Y N B H H
Đ O B I J A W A Y Đ J J U M
F G O O A P L E M E N I T I
```

OKLOP
VITEZ
KONJ
KATAPULT
KRUNA
ZMAJ
ŠTIT
MAČ
FEUDALNI
TVRĐAVA

CARSTVO
PLEMENITI
PALAČA
ZID
PRINCEZA
PRINC
KRALJEVSTVO
TORANJ
JEDNOROG

89 - Arte

```
Đ A K Z D E P O E Z I J A W
N V W N A D R E A L I Z A M
I A H H F O E J Y R Z E T L
S Z D C M S D E P A O H S K
K V R A K O M D J S L I K E
R I Z A H B E N M P J L U R
E D S N Z N T O I O C D L A
N N L U N I U S Z L L A P M
S I A M Z Z S T V O R I T I
D I N P T K A A O Ž T N U Č
J G M W L M S V R E F H R K
T Y G B Y M T A N N A P A I
Đ F W V O I A N I J V E Đ K
L B G D L L V L K E D P D N
```

KERAMIČKI
SASTAV
STVORITI
SKULPTURA
IZRAZ
ISKREN
RASPOLOŽENJE
NADAHNUT
IZVORNIK

OSOBNI
SLIKE
POEZIJA
JEDNOSTAVAN
SIMBOL
NADREALIZAM
PREDMET
VIDNI

90 - Herboristería

```
P J N O D T T M E T V I C E
R E A V N K L A V A N D A V
U K R C K U O Ž C L H H A P
Ž O Č Š Đ L K U Đ V G R F L
M M E B I I U R B E I I B P
A O Š V D N S A S T O J A K
R R N Š O A K N V R T A E H
I A J A A R O M A T S K I T
N Č A F D S A A N C K B Z N
V P K R F K V T B Y O I E Z
U K V A L I T E T A P L L F
I N G N M Z G Z T L A J E Y
D R A G U L J J H K R K N B
B O S I L J A K L Y L A A V
```

ČEŠNJAK	SASTOJAK
BOSILJAK	VRT
AROMATSKI	LAVANDA
ŠAFRAN	MAŽURAN
KVALITETA	METVICE
KULINARSKI	PERŠIN
KOPAR	BILJKA
DRAGULJ	RUŽMARIN
CVIJET	OKUS
KOMORAČ	ZELEN

91 - Verano

```
P P L I V A T I R O D M O R
C R Y Y T O K R O B V R T I
Y K I S W P N A N I P L I G
S A U J Y U J D J T U E R R
O M L E A Š I O E E T V Z E
S P U Ć L T G S N L O D V D
A I K A J A E T J J V H I R
N R F N K N Z L E O A R J F
D A R J P J K G J U T A E F
A N K A L E B D D I I N Z B
L J F Z A F U O V K M A D W
E E E F Ž G N M T L O V E H
S J D R A L S K O D R C Z N
G L A Z B A I N U M E F W G
```

RADOST   KNJIGE
PRIJATELJI   MORE
RONJENJE   GLAZBA
KAMPIRANJE   PLIVATI
HRANA   PLAŽA
ZVIJEZDE   SJEĆANJA
OBITELJ   OPUŠTANJE
DOM   SANDALE
VRT   ODMOR
IGRE   PUTOVATI

92 - Insectos

```
V I L I N K O N J I C P P B
Ž M R A V T E R M I T Č L U
B O G O M O L J K A R E E B
U L H M A R J P L Đ V L P A
B J A A S I P I C A E A T M
A A S T R Š L J E N R U I A
P C B C B E V C I R L V R R
K O M A R A C Z R N Đ Đ A A
S K A K A V A C E V O R K C
G D A Z G C L N G B I Y H V
V W O P Đ Z B V A C O N L R
H L I S N E U Š I Z O S A Č
V Y S B A F H S E V J K U A
D S M Đ G A A R Z L O D E K
```

PČELA   VILIN KONJIC
OSA   BOGOMOLJKA
STRŠLJEN   LEPTIR
LISNE UŠI   BUBAMARA
CVRČAK   KOMARAC
ŽOHAR   MOLJAC
BUBA   BUHA
CRV   SKAKAVAC
MRAV   TERMIT
LARVA

93 - Especias

```
S O L K F H K O M O R A Č Š
Y L P A S Z G I P I S Y E A
Đ E A N I S D P S S M V Š F
K C P T W Z P A B E D Z N R
O M A F K L L P G H L K J A
C U R R Y I U R P Đ A O A N
S L A T K O I N G I H K K
F O P W R R W K G O R A K A
Y K K N A A I A H I Y M M R
S U O U C I M E T M O K R D
Đ S U B M V A N I L I J A A
J W B G G I K Z A O I B U M
Đ U M B I R N Y T F U A M O
K O R I J A N D E R D J H M
```

KISELO   CURRY
ČEŠNJAK   SLATKO
GORAK   KOMORAČ
ANIS   ĐUMBIR
ŠAFRAN   PAPRIKA
CIMET   PAPAR
KARDAMOM   SLATKI
LUK   OKUS
KORIJANDER   SOL
KUMIN   VANILIJA

94 - Emociones

```
D O S A D A N J E Ž N O S T
Z A D O V O L J A N T B D W
P H O N B L A Ž E N S T V O
O M Đ I Z N E N A Đ E N J E
L J U B A V S A D R Ž A J E
M S M J I B N E U G O D N O
Z I I B Đ R T I I L C L I
H S R M B L Z A H V A L A N
T M R A P I D J P T K C J K
N D W W N A J K B U Š V E V
Z U U G Đ P T E C G A L Y P
U Z B U Đ E N I S A N H M O
S T R A H Y Y D J I J A E H
R A D O S T Y U D A E S J D
```

DOSADA	UZBUĐEN
ZAHVALAN	BIJES
RADOST	STRAH
OLAKŠANJE	MIR
LJUBAV	ZADOVOLJAN
NEUGODNO	SIMPATIJA
BLAŽENSTVO	IZNENAĐENJE
MIRAN	NJEŽNOST
SADRŽAJ	TUGA

95 - Mediciones

```
W S F P M E T A R V S W Z R
W T E Ž I N A K E K O B O Z
Đ U Ž I N A Đ I Š G Z V V D
V P N M U S D L I T R A P U
O A F C T K E O R Y Z A P B
L N O E A S C G I R N U M I
U J C N W F I R N N H V A N
M S V T Đ A M A A E M I S A
E D D I O N A M D P T S A I
N F B M H N L I M Y L I Y N
S V L E L B A J T J I N B Č
O S P T K I L O M E T A R L
L E T A J A O S U A K P U K
Y V L R C R G B Y I O E T L
```

VISINA   DUŽINA
ŠIRINA   MASA
BAJT   METAR
CENTIMETAR   MINUTA
DECIMALA   UNCA
STUPANJ   TEŽINA
GRAM   DUBINA
KILOGRAM   INČ
KILOMETAR   TONA
LITRA   VOLUMEN

96 - Barcos

```
U U Y E Đ D P J P G J K S T
L S Đ U V T O A L S E A M E
M O R N A R M R I P D N Z T
Z O V S L A O B M L R U G N
M D R U O J R O A A I H I P
U P I E V E S L R V L J A E
R P J P I K K N J K I G N U
U P E Y O T I U M C C U O N
E N K A A S J Đ Ž K A J A K
B R A M F I A T J E Z E R O
E N E Z V D H D O C E A N C
Đ S Đ I E R T G A D L T H J
Y F R W P O A I L M O T O R
P L U T A Č A C V R A L Đ Y
```

SIDRO   MORNAR
SPLAV   JARBOL
PLUTAČA   MOTOR
KANU   POMORSKI
UŽE   OCEAN
TRAJEKT   VALOVI
KAJAK   RIJEKA
JEZERO   POSADA
MORE   JEDRILICA
PLIMA   JAHTA

97 - Antártida

```
B R K O N T I N E N T M M I
G E O G R A F I J A P I I S
W S N B F K Y A T B T G N T
N V Z A L I P Z O S I R E R
V L E D E A R Y T G C A R A
Z V R L D F C N O V E C A Ž
N Z V O D A U I C K H I L I
A A A P I N G V I N I J I V
N L C P O L U O T O K A N A
S J I L E D E N J A C I A Č
T E J T E M P E R A T U R A
V V A S T J E N O V I T A U
E K S P E D I C I J A N K R
N A N T O P O G R A F I J A
```

VODA	OTOCI
ZALJEV	MIGRACIJA
ZNANSTVEN	MINERALI
KONZERVACIJA	OBLACI
KONTINENT	PTICE
EKSPEDICIJA	POLUOTOK
GEOGRAFIJA	PINGVINI
LEDENJACI	STJENOVITA
LED	TEMPERATURA
ISTRAŽIVAČ	TOPOGRAFIJA

98 - Piratas

```
Z P O S A D A O Ž I L J A K
D A B L A G O R C D B D D A
J Z S I V F P E I J R U M R
Z F P T G L R K H T F A I T
S L O P A S N O S T D R U A
I P A A C V H G P C S V H V
D A Š T F K A C T W Đ W Đ A
R P P M O T O K A P E T A N
O I I U A V N O L P Z T G T
G G L L U Č Y M B B A A L U
Y A J T S Đ U P T O I B O R
B W A E K O V A N I C E Š A
L E G E N D A S L Y C V E Z
T M E V P L A Ž A V G I F Y
```

SIDRO   PAPIGA
AVANTURA   LOŠE
ZASTAVA   KARTA
KOMPAS   KOVANICE
KAPETAN   ZLATO
OŽILJAK   OPASNOST
ŠPILJA   PLAŽA
MAČ   RUM
OTOK   BLAGO
LEGENDA   POSADA

99 - Mamíferos

```
D Z V E M A G A R A C P M R
Z E B R A G W J V U Z F A C
S C V J J A N W M G Z H Č S
N L O A M G R T R D R E K F
O I J K U O V C E J U V A O
S S I Đ N R I U E A L H M G
I I D U P I N E A M L E K O
T C Z I K L O K A N S L O N
I A U O O A Y B I K F K N T
Z N J U J F Z S W T D V J N
Đ M U L O Ž I R A F A U T F
N J T E T Đ D K Đ V N K S S
Y W O J H K K O B H T G S L
M I F I J V A K A B L L N K
```

KIT	MAČKA
MAGARAC	GORILA
KONJ	ŽIRAFA
DEVA	VUK
KLOKAN	MAJMUN
ZEBRA	SNOSITI
ZEC	OVCE
KOJOT	PAS
DUPIN	BIK
SLON	LISICA

100 - Abejas

```
T C I K S K D W Y R Z E S U
Đ E K O S U S T A V O Y U K
G Y H R O W Đ L Y B A J N O
N C V I J E Ć E J K W H C Š
C B D S S G Y L N J O R E N
H H P N D F H Đ U F N A K I
I C K O T M E G D I M N R C
V V O P R A Š I V A Č A I A
B I L J E M E D V Đ L C L Đ
C J A Z K L J K O V R T A V
N E I Đ P R U E S L J T B O
W T S F T R U D A H U U R Ć
K R A L J I C A K U K A C E
R A Z N O L I K O S T M U A
```

KRILA	VOĆE
KORISNO	DIM
VOSAK	KUKAC
KOŠNICA	VRT
HRANA	MED
RAZNOLIKOST	BILJE
EKOSUSTAV	PELUD
ROJ	OPRAŠIVAČ
CVIJET	KRALJICA
CVIJEĆE	SUNCE

1 - Ajedrez

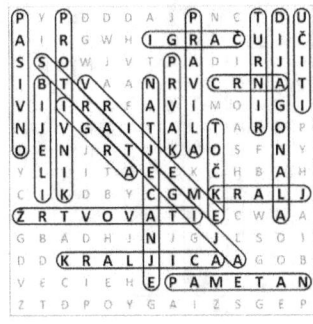

2 - Agua

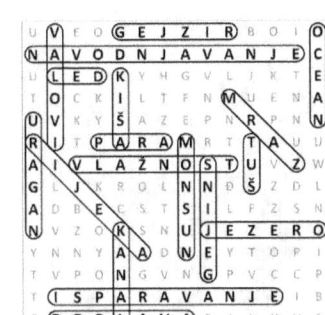

3 - Granja #2

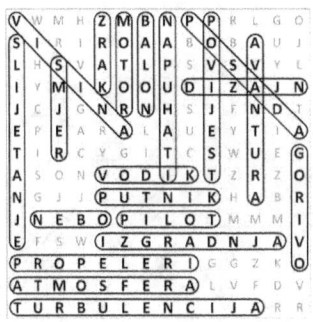

4 - Mueble

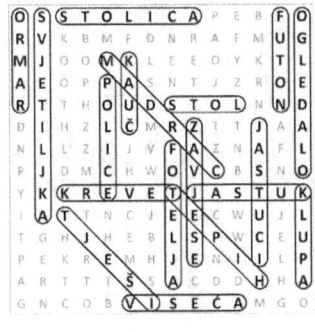

5 - Pesca

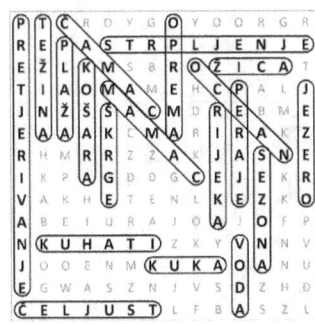

6 - Aviones

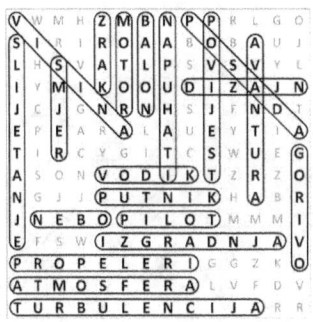

7 - Tipos de Cabello

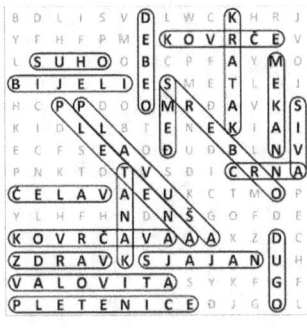

8 - Ciencia Ficción

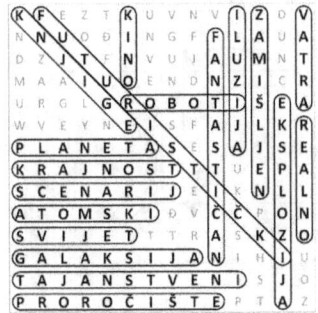

9 - Juguetes

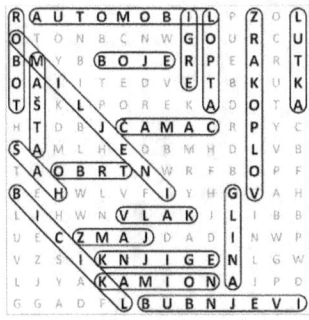

10 - Circo

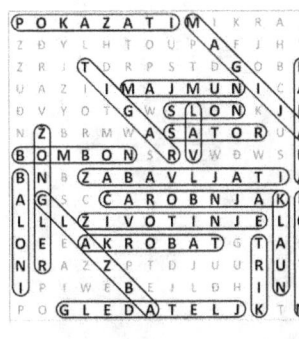

11 - Granja #1

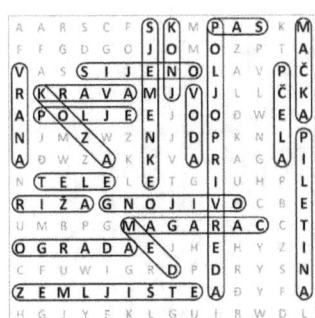

12 - Camping

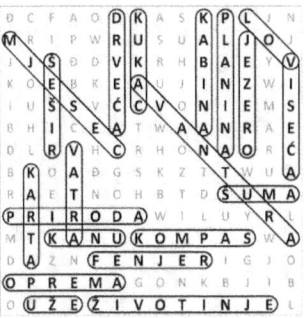

13 - Fruta

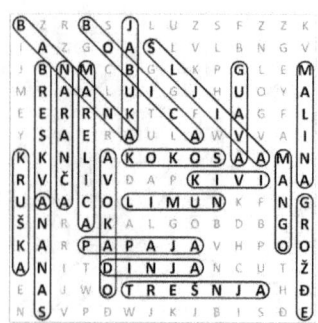

14 - Geología

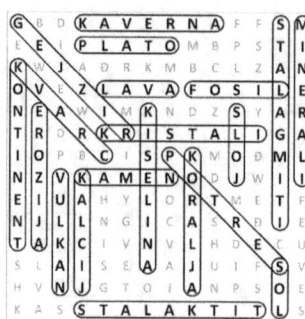

15 - Plantas

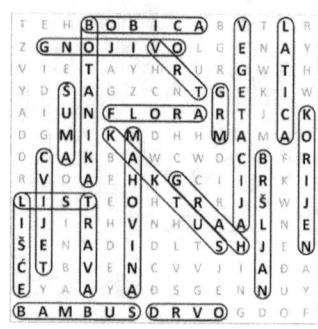

16 - Suministros de Arte

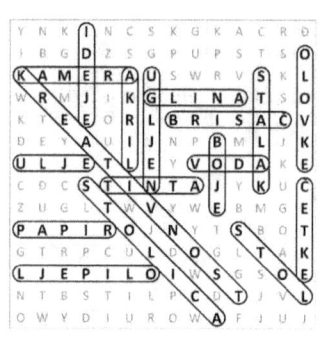

17 - Jardín

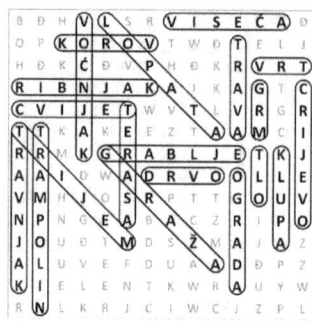

18 - Países #2

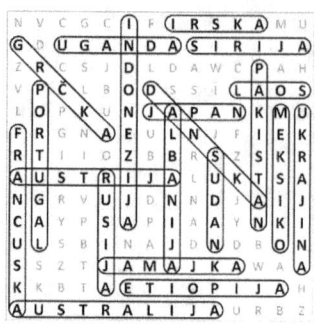

19 - Tecnología

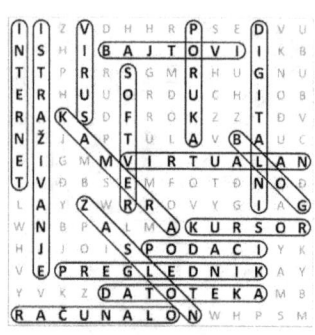

20 - Números

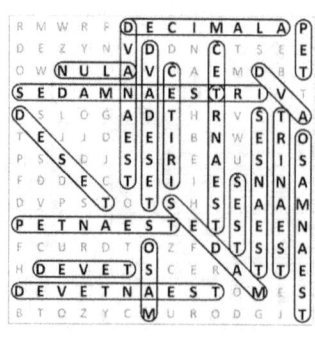

21 - Mitología

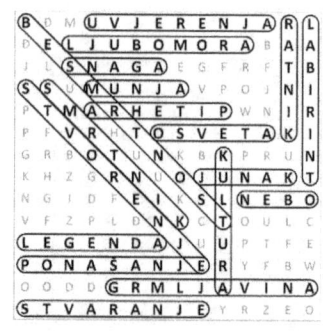

22 - Ecología

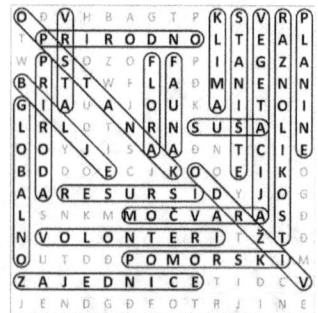

23 - Herramientas

24 - Casa

25 - Artes Visuales

26 - Escuela #2

27 - Selva Tropical

28 - Colores

29 - Adjetivos #1

30 - Familia

31 - Disciplinas Científicas

32 - Gatos

33 - Cocina

34 - Escuela #1

35 - Adjetivos #2

36 - Cuerpo Humano

37 - Ciencia

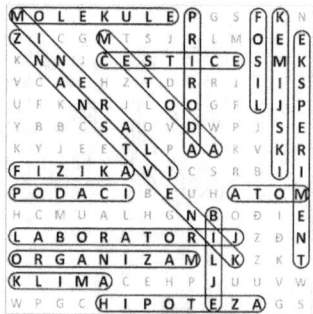

38 - Dinosaurios

39 - Restaurante #2

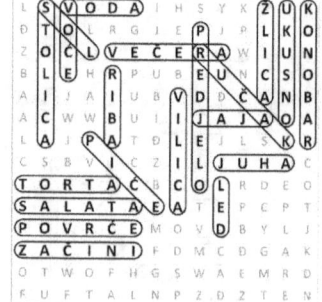

40 - Profesiones #1

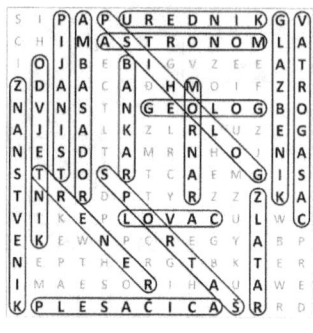

41 - Vehículos

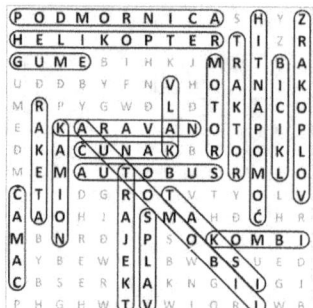

42 - Vacaciones #2

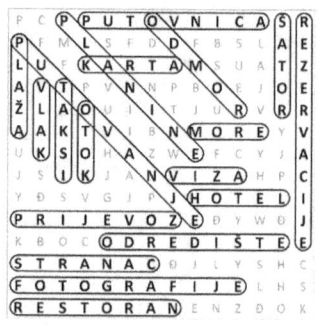

43 - Cumpleaños

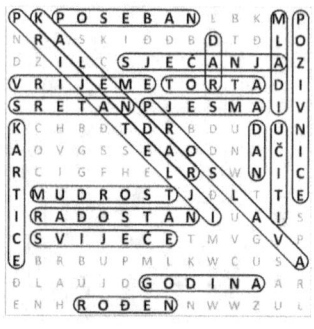

44 - Baile

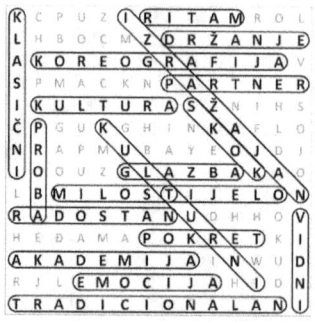

45 - Matemáticas

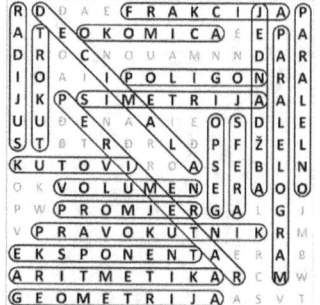

46 - Restaurante #1

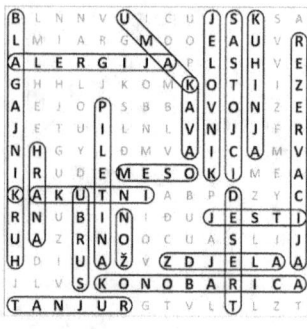

47 - Profesiones #2

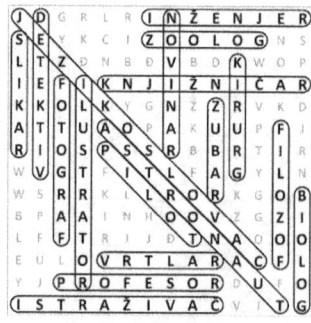

48 - Senderismo

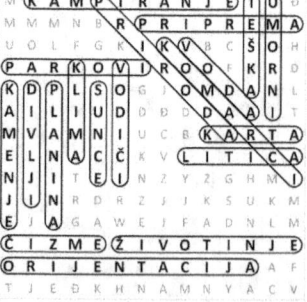

49 - Naturaleza

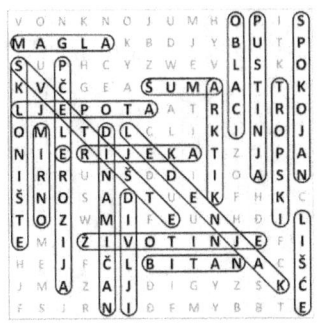

50 - Conduciendo

(50 - Conduciendo puzzle)

51 - Ballet

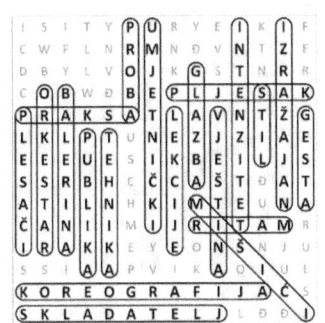

52 - Aventura

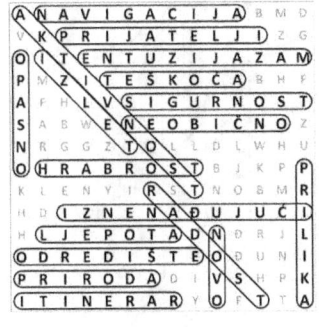

53 - Pájaros

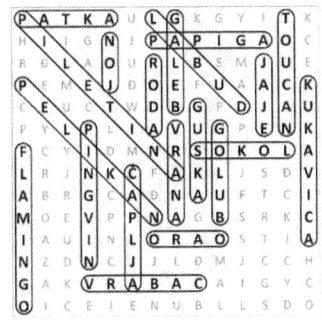

54 - Playa

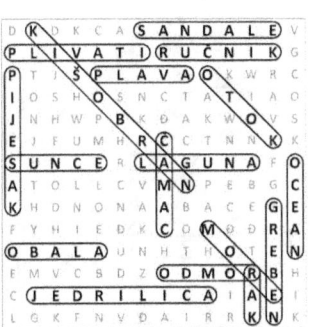

55 - Surf

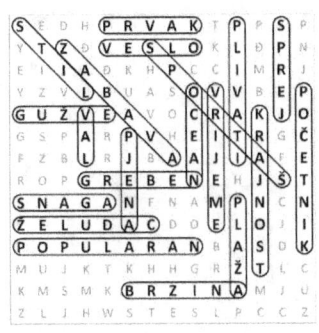

56 - Geografía

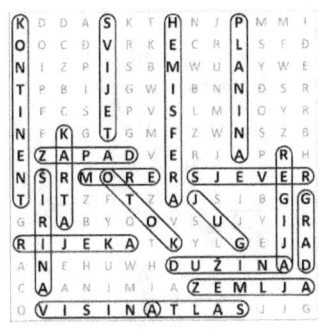

57 - Deportes

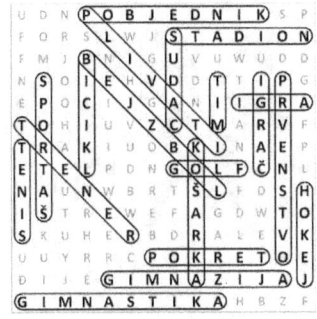

58 - Actividades

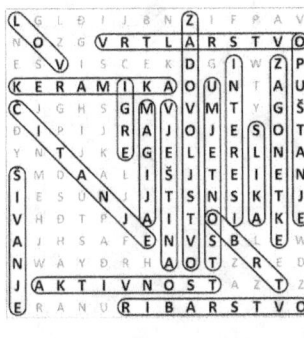

59 - Verduras

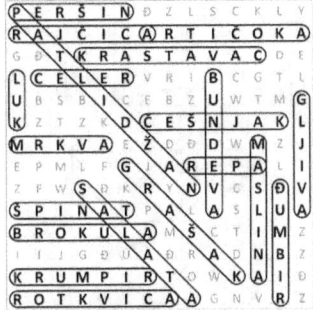

60 - Instrumentos Musicales

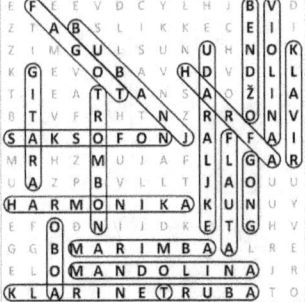

61 - Escalada

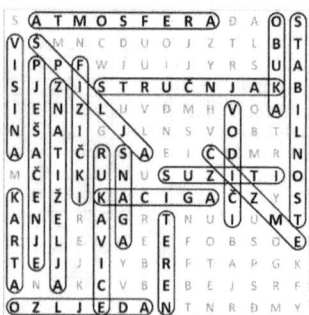

62 - Mascotas

63 - Formas

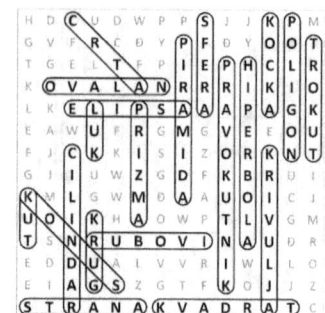

64 - Flores

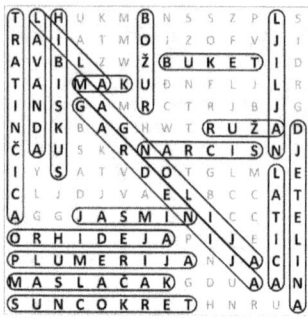

65 - Astronomía

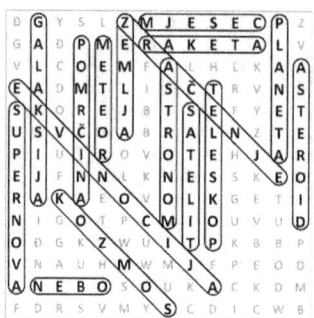

66 - Tiempo

67 - Paisajes

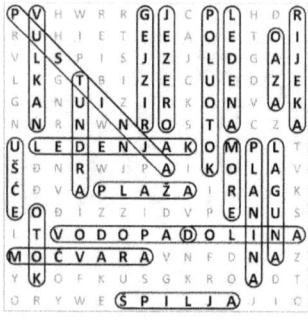

68 - Días y Meses

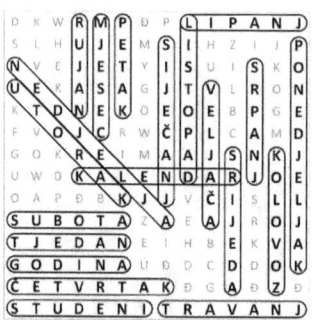

69 - Chocolate

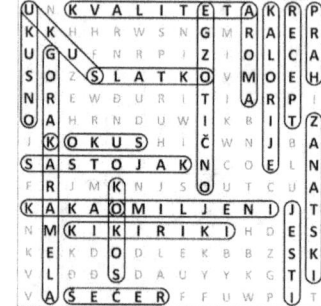

70 - Barbacoas

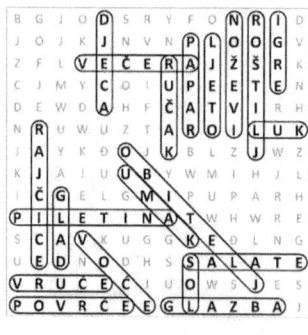

71 - Ropa

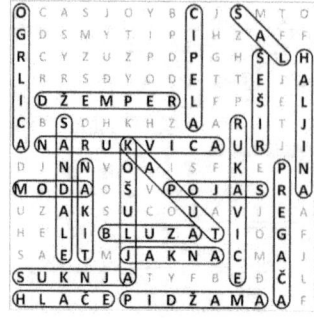

72 - Meditación

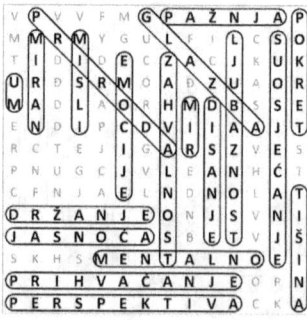

73 - Comedia

74 - Libros

75 - Nutrición

76 - Edificios

77 - Océano

78 - Ciudad

79 - Conservación

80 - Exploración

81 - Campeonato

82 - Actividades y Ocio

83 - Comida #1

84 - Virtudes #1

85 - Literatura

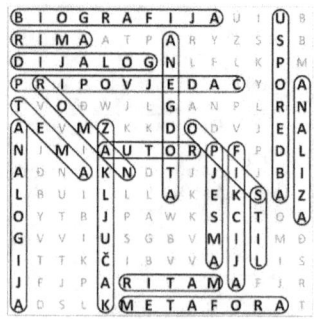

86 - Clima

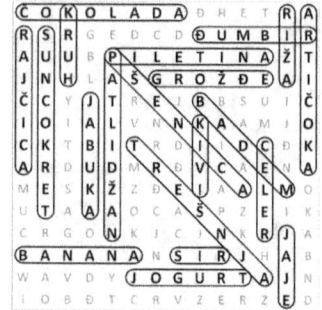

87 - Comida #2

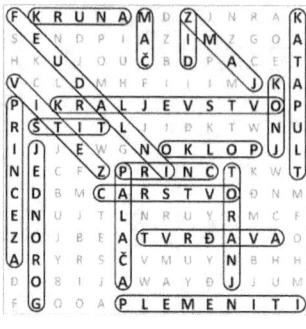

88 - Castillos

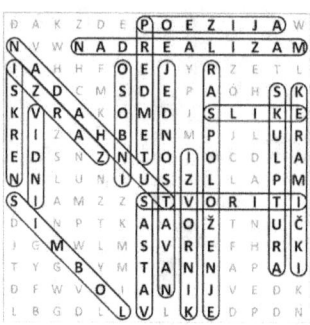

89 - Arte

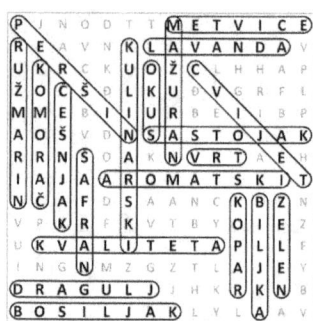

90 - Herboristería

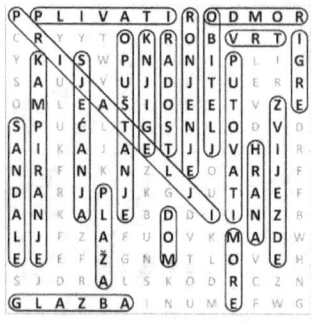

91 - Verano

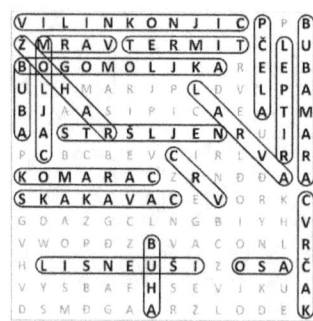

92 - Insectos

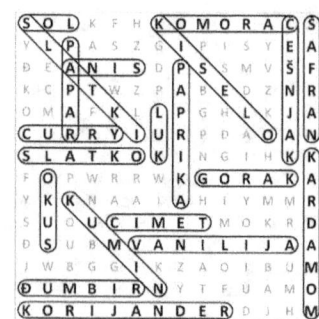

93 - Especias

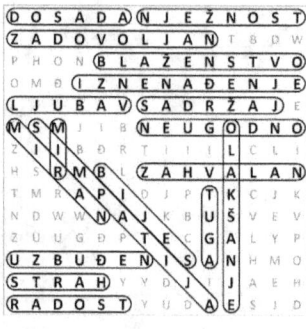

94 - Emociones

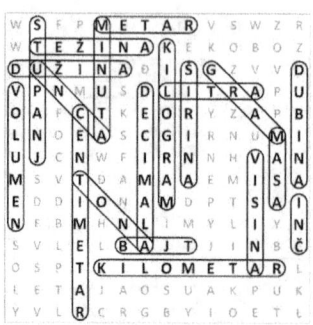

95 - Mediciones

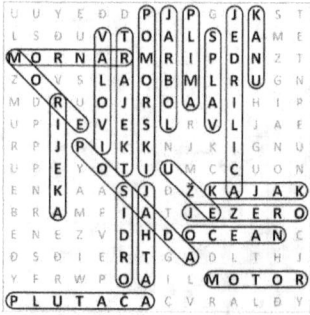

96 - Barcos

97 - Antártida

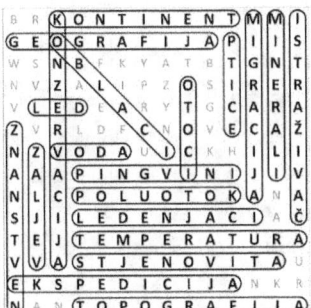

98 - Piratas

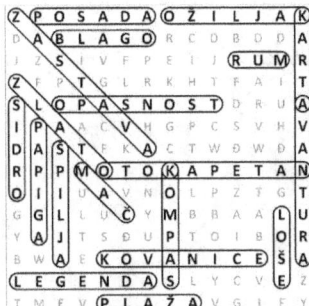

99 - Mamíferos

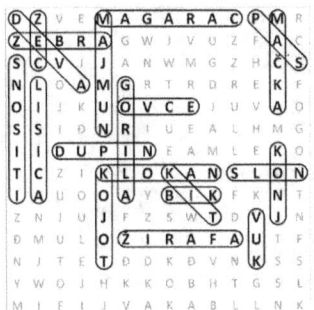

100 - Abejas

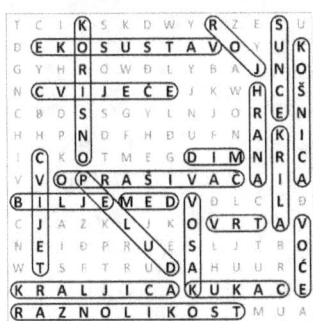

Diccionario

Abejas
Pčele

Alas	Krila
Beneficioso	Korisno
Cera	Vosak
Colmena	Košnica
Comida	Hrana
Diversidad	Raznolikost
Ecosistema	Ekosustav
Enjambre	Roj
Flor	Cvijet
Flores	Cvijeće
Fruta	Voće
Humo	Dim
Insecto	Kukac
Jardín	Vrt
Miel	Med
Plantas	Bilje
Polen	Pelud
Polinizador	Oprašivač
Reina	Kraljica
Sol	Sunce

Actividades
Aktivnosti

Actividad	Aktivnost
Arte	Umjetnost
Artesanía	Obrt
Caza	Lov
Cerámica	Keramika
Costura	Šivanje
Fotografía	Fotografija
Habilidad	Vještina
Intereses	Interesi
Jardinería	Vrtlarstvo
Juegos	Igre
Lectura	Čitanje
Magia	Magija
Pesca	Ribarstvo
Pintura	Slika
Placer	Zadovoljstvo
Relajación	Opuštanje
Rompecabezas	Zagonetke
Senderismo	Pješačenje
Tejer	Pletenje

Actividades y Ocio
Zabava i Slobodno Vrijeme

Aficiones	Hobiji
Arte	Umjetnost
Baloncesto	Košarka
Béisbol	Bejzbol
Boxeo	Boks
Buceo	Ronjenje
Camping	Kampiranje
Fútbol	Nogomet
Golf	Golf
Jardinería	Vrtlarstvo
Natación	Plivanje
Pesca	Ribarstvo
Pintura	Slika
Relajante	Opuštanje
Senderismo	Pješačenje
Surf	Surfanje
Tenis	Tenis
Viaje	Putovati
Voleibol	Odbojka

Adjetivos #1
Pridjevi № 1

Absoluto	Apsolutan
Activo	Aktivan
Ambicioso	Ambiciozan
Aromático	Aromatski
Atractivo	Atraktivan
Brillante	Svijetao
Enorme	Ogroman
Generoso	Velikodušan
Grande	Veliki
Honesto	Iskren
Importante	Važno
Inocente	Nevin
Joven	Mladi
Lento	Usporiti
Moderno	Moderan
Oscuro	Mrak
Perfecto	Savršen
Pesado	Teška
Serio	Ozbiljan
Valioso	Vrijedan

Adjetivos #2
Pridjevi № 2

Cansado	Umorni
Comestible	Jestivo
Creativo	Kreativni
Descriptivo	Opisni
Dramático	Dramatičan
Elegante	Elegantan
Famoso	Poznati
Fresco	Svježe
Fuerte	Jak
Interesante	Zanimljiv
Natural	Prirodno
Normal	Normalan
Nuevo	Novo
Orgulloso	Ponosan
Picante	Akutni
Productivo	Produktivni
Responsable	Odgovoran
Salado	Slan
Saludable	Zdrav
Seco	Suho

Agua
Voda

Canal	Kanal
Ducha	Tuš
Evaporación	Isparavanje
Géiser	Gejzir
Helada	Mraz
Hielo	Led
Humedad	Vlažnost
Huracán	Uragan
Inundación	Poplava
Lago	Jezero
Lluvia	Kiša
Monzón	Monsun
Nieve	Snijeg
Océano	Ocean
Olas	Valovi
Riego	Navodnjavanje
Río	Rijeka
Vapor	Para

Ajedrez
Šah

Aprender	Učiti
Blanco	Bijeli
Campeón	Prvak
Concurso	Natjecanje
Diagonal	Dijagonala
Estrategia	Strategija
Inteligente	Pametan
Juego	Igra
Jugador	Igrač
Negro	Crna
Oponente	Protivnik
Pasivo	Pasivno
Puntos	Točke
Reglas	Pravila
Reina	Kraljica
Rey	Kralj
Sacrificio	Žrtvovati
Tiempo	Vrijeme
Torneo	Turnir

Antártida
Antarktika

Agua	Voda
Bahía	Zaljev
Científico	Znanstven
Conservación	Konzervacija
Continente	Kontinent
Expedición	Ekspedicija
Geografía	Geografija
Glaciares	Ledenjaci
Hielo	Led
Investigador	Istraživač
Islas	Otoci
Migración	Migracija
Minerales	Minerali
Nubes	Oblaci
Pájaros	Ptice
Península	Poluotok
Pingüinos	Pingvini
Rocoso	Stjenovita
Temperatura	Temperatura
Topografía	Topografija

Arte
Umjetnost

Cerámica	Keramički
Complejo	Kompleks
Composición	Sastav
Crear	Stvoriti
Escultura	Skulptura
Expresión	Izraz
Honesto	Iskren
Humor	Raspoloženje
Inspirado	Nadahnut
Original	Izvornik
Personal	Osobni
Pinturas	Slike
Poesía	Poezija
Sencillo	Jednostavan
Símbolo	Simbol
Surrealismo	Nadrealizam
Tema	Predmet
Visual	Vidni

Artes Visuales
Vizualne Umjetnosti

Arcilla	Glina
Arquitectura	Arhitektura
Artista	Umjetnik
Barniz	Lak
Caballete	Stalak
Carbón	Ugljen
Cera	Vosak
Cerámica	Keramika
Composición	Sastav
Creatividad	Kreativnost
Escultura	Skulptura
Lápiz	Olovka
Obra Maestra	Remek-Djelo
Película	Film
Perspectiva	Perspektiva
Pintura	Slika
Plantilla	Matrica
Retrato	Portret
Tiza	Kreda

Astronomía
Astronomija

Asteroide	Asteroid
Astronauta	Astronaut
Astrónomo	Astronom
Cielo	Nebo
Cohete	Raketa
Constelación	Konstelacija
Cosmos	Kozmos
Eclipse	Pomrčina
Equinoccio	Ekvinocija
Galaxia	Galaksija
Luna	Mjesec
Meteoro	Meteor
Observatorio	Zvjezdarnica
Planeta	Planeta
Radiación	Zračenje
Satélite	Satelit
Supernova	Supernova
Telescopio	Teleskop
Tierra	Zemlja
Universo	Svemir

Aventura
Avantura

Actividad	Aktivnost
Alegría	Radost
Amigos	Prijatelji
Belleza	Ljepota
Destino	Odredište
Dificultad	Teškoća
Entusiasmo	Entuzijazam
Excursión	Izlet
Inusual	Neobično
Itinerario	Itinerar
Naturaleza	Priroda
Navegación	Navigacija
Nuevo	Novo
Oportunidad	Prilika
Peligroso	Opasno
Preparación	Priprema
Seguridad	Sigurnost
Sorprendente	Iznenađujući
Valentía	Hrabrost
Viajes	Putovanja

Aviones
Zrakoplovi

Aire	Zrak
Altura	Visina
Aterrizaje	Slijetanje
Atmósfera	Atmosfera
Aventura	Avantura
Cielo	Nebo
Combustible	Gorivo
Construcción	Izgradnja
Dirección	Smjer
Diseño	Dizajn
Globo	Balon
Hélices	Propeleri
Hidrógeno	Vodik
Historia	Povijest
Inflar	Napuhati
Motor	Motor
Pasajero	Putnik
Piloto	Pilot
Tripulación	Posada
Turbulencia	Turbulencija

Baile
Ples

Academia	Akademija
Alegre	Radostan
Arte	Umjetnost
Clásico	Klasični
Coreografía	Koreografija
Cuerpo	Tijelo
Cultura	Kultura
Cultural	Kulturni
Emoción	Emocija
Ensayo	Proba
Expresivo	Izražajan
Gracia	Milost
Movimiento	Pokret
Música	Glazba
Postura	Držanje
Ritmo	Ritam
Saltar	Skok
Socio	Partner
Tradicional	Tradicionalan
Visual	Vidni

Ballet
Balet

Aplauso	Pljesak
Artístico	Umjetnički
Audiencia	Publika
Bailarina	Balerina
Bailarines	Plesači
Compositor	Skladatelj
Coreografía	Koreografija
Ensayo	Proba
Estilo	Stil
Expresivo	Izražajan
Gesto	Gesta
Habilidad	Vještina
Intensidad	Intenzitet
Lecciones	Lekcije
Músculos	Mišići
Música	Glazba
Orquesta	Orkestar
Práctica	Praksa
Ritmo	Ritam
Técnica	Tehnika

Barbacoas
Roštilji

Almuerzo	Ručak
Caliente	Vruće
Cebollas	Luk
Cena	Večera
Cuchillos	Noževi
Ensaladas	Salate
Familia	Obitelj
Fruta	Voće
Hambre	Glad
Juegos	Igre
Música	Glazba
Niños	Djeca
Parrilla	Roštilj
Pimienta	Papar
Pollo	Piletina
Sal	Sol
Salsa	Umak
Tomates	Rajčice
Verano	Ljeto
Verduras	Povrće

Barcos
Brodovi

Ancla	Sidro
Balsa	Splav
Boya	Plutača
Canoa	Kanu
Cuerda	Uže
Ferry	Trajekt
Kayak	Kajak
Lago	Jezero
Mar	More
Marea	Plima
Marinero	Mornar
Mástil	Jarbol
Motor	Motor
Náutico	Pomorski
Océano	Ocean
Olas	Valovi
Río	Rijeka
Tripulación	Posada
Velero	Jedrilica
Yate	Jahta

Campeonato
Prvenstvo

Campeonato	Prvenstvo
Campeón	Prvak
Deportes	Sportski
Entrenador	Trener
Equipo	Tim
Estrategia	Strategija
Finalista	Finalist
Juegos	Igre
Juez	Sudac
Liga	Liga
Medalla	Medalja
Motivación	Motivacija
Rendimiento	Izvođenje
Resistencia	Izdržljivost
Torneo	Turnir
Transpiración	Znojenje
Victoria	Pobjeda

Camping
Kampiranje

Animales	Životinje
Aventura	Avantura
Árboles	Drveća
Bosque	Šuma
Brújula	Kompas
Cabina	Kabina
Canoa	Kanu
Caza	Lov
Cuerda	Uže
Equipo	Oprema
Fuego	Vatra
Hamaca	Viseća
Insecto	Kukac
Lago	Jezero
Linterna	Fenjer
Luna	Mjesec
Mapa	Karta
Montaña	Planina
Naturaleza	Priroda
Sombrero	Šešir

Casa
Kuća

Alfombra	Tepih
Ático	Potkrovlje
Biblioteca	Knjižnica
Chimenea	Dimnjak
Cocina	Kuhinja
Dormitorio	Spavaća Soba
Ducha	Tuš
Escoba	Metla
Espejo	Ogledalo
Garaje	Garaža
Grifo	Slavina
Jardín	Vrt
Lámpara	Svjetiljka
Pared	Zid
Piso	Kat
Puerta	Vrata
Sótano	Podrum
Techo	Krov
Valla	Ograda
Ventana	Prozor

Castillos
Dvorci

Armadura	Oklop
Caballero	Vitez
Caballo	Konj
Catapulta	Katapult
Corona	Kruna
Dinastía	Dinastija
Dragón	Zmaj
Escudo	Štit
Espada	Mač
Feudal	Feudalni
Fortaleza	Tvrđava
Imperio	Carstvo
Noble	Plemeniti
Palacio	Palača
Pared	Zid
Princesa	Princeza
Príncipe	Princ
Reino	Kraljevstvo
Torre	Toranj
Unicornio	Jednorog

Chocolate
Čokolada

Amargo	Gorak
Aroma	Aroma
Artesanal	Zanatski
Azúcar	Šećer
Cacahuetes	Kikiriki
Cacao	Kakao
Calidad	Kvaliteta
Calorías	Kalorije
Caramelo	Karamela
Coco	Kokos
Comer	Jesti
Delicioso	Ukusno
Dulce	Slatko
Exótico	Egzotično
Favorito	Omiljeni
Gusto	Ukus
Ingrediente	Sastojak
Polvo	Prah
Receta	Recept
Sabor	Okus

Ciencia
Znanost

Átomo	Atom
Científico	Znanstvenik
Clima	Klima
Datos	Podaci
Evolución	Evolucija
Experimento	Eksperiment
Física	Fizika
Fósil	Fosil
Gravedad	Gravitacija
Hecho	Činjenica
Hipótesis	Hipoteza
Laboratorio	Laboratorij
Método	Metoda
Minerales	Minerali
Moléculas	Molekule
Naturaleza	Priroda
Organismo	Organizam
Partículas	Čestice
Plantas	Bilje
Químico	Kemijski

Ciencia Ficción
Znanstvena Fantastika

Atómico	Atomski
Cine	Kino
Escenario	Scenarij
Explosión	Eksplozija
Extremo	Krajnost
Fantástico	Fantastičan
Fuego	Vatra
Futurista	Futuristički
Galaxia	Galaksija
Ilusión	Iluzija
Imaginario	Zamišljen
Libros	Knjige
Misterioso	Tajanstveni
Mundo	Svijet
Oráculo	Proročište
Planeta	Planeta
Realista	Realno
Robots	Roboti
Tecnología	Tehnologija
Utopía	Utopija

Circo
Cirkus

Acróbata	Akrobat
Animales	Životinje
Caramelo	Bombon
Carpa	Šator
Desfile	Parada
Elefante	Slon
Entretener	Zabavljati
Espectador	Gledatelj
Globos	Baloni
León	Lav
Magia	Magija
Mago	Čarobnjak
Malabarista	Žongler
Mono	Majmun
Mostrar	Pokazati
Música	Glazba
Payaso	Klaun
Tigre	Tigar
Traje	Kostim
Truco	Trik

Ciudad
Grad

Aeropuerto	Zračna Luka
Banco	Banka
Biblioteca	Knjižnica
Cine	Kino
Clínica	Klinika
Escuela	Škola
Estadio	Stadion
Farmacia	Ljekarna
Florista	Cvjećar
Galería	Galerija
Hotel	Hotel
Librería	Knjižara
Mercado	Tržište
Museo	Muzej
Panadería	Pekara
Supermercado	Supermarket
Teatro	Kazalište
Tienda	Pohraniti
Universidad	Sveučilište
Zoo	Zoološki Vrt

Clima
Vrijeme

Atmósfera	Atmosfera
Brisa	Povjetarac
Cielo	Nebo
Clima	Klima
Hielo	Led
Huracán	Uragan
Inundación	Poplava
Monzón	Monsun
Niebla	Magla
Nube	Oblak
Polar	Polarni
Rayo	Munja
Seco	Suho
Sequía	Suša
Temperatura	Temperatura
Tormenta	Oluja
Tornado	Tornado
Tropical	Tropski
Trueno	Grmljavina
Viento	Vjetar

Cocina
Kuhinja

Caldera	Čajnik
Comer	Jesti
Comida	Hrana
Congelador	Zamrzivač
Cucharas	Žlice
Cucharón	Kutlača
Cuchillos	Noževi
Delantal	Pregača
Especias	Začini
Esponja	Spužva
Horno	Pećnica
Jarra	Vrč
Parrilla	Roštilj
Receta	Recept
Refrigerador	Hladnjak
Servilleta	Ubrus
Tazas	Šalice
Tazón	Zdjela
Tenedores	Vilice

Colores
Boje

Amarillo	Žuta Boja
Azul	Plava
Beige	Bež
Blanco	Bijeli
Cian	Cijan
Fucsia	Fuksija
Gris	Siva
Índigo	Indigo
Magenta	Magenta
Marrón	Smeđ
Naranja	Naranča
Negro	Crna
Púrpura	Ljubičasta
Rojo	Crvena
Rosa	Ružičasta
Sepia	Sepija
Verde	Zelen

Comedia
Komedija

Actor	Glumac
Actriz	Glumica
Aplauso	Pljesak
Audiencia	Publika
Chistes	Šale
Diversión	Zabava
Expresivo	Izražajan
Género	Žanr
Gracioso	Smiješno
Humor	Humor
Improvisación	Improvizacija
Inteligente	Pametan
Parodia	Parodija
Payasos	Klaunovi
Risa	Smijeh
Teatro	Kazalište
Televisión	Televizija

Comida #1
Hrana # 1

Ajo	Češnjak
Albahaca	Bosiljak
Atún	Tuna
Azúcar	Šećer
Canela	Cimet
Carne	Meso
Cebada	Ječam
Cebolla	Luk
Ensalada	Salata
Espinacas	Špinat
Fresa	Jagoda
Jugo	Sok
Leche	Mlijeko
Limón	Limun
Menta	Metvice
Nabo	Repa
Pera	Kruška
Sal	Sol
Sopa	Juha
Zanahoria	Mrkva

Comida #2
Hrana # 2

Alcachofa	Artičoka
Almendra	Badem
Apio	Celer
Arroz	Riža
Berenjena	Patlidžan
Cereza	Trešnja
Chocolate	Čokolada
Girasol	Suncokret
Huevo	Jaje
Jengibre	Đumbir
Kiwi	Kivi
Manzana	Jabuka
Pan	Kruh
Plátano	Banana
Pollo	Piletina
Queso	Sir
Tomate	Rajčica
Trigo	Pšenica
Uva	Grožđe
Yogur	Jogurt

Conduciendo
Vožnja

Accidente	Nesreća
Calle	Ulica
Camión	Kamion
Coche	Automobil
Combustible	Gorivo
Frenos	Kočnice
Garaje	Garaža
Gas	Plin
Licencia	Licenca
Mapa	Karta
Motocicleta	Motocikl
Motor	Motor
Peatonal	Pješak
Peligro	Opasnost
Policía	Policija
Seguridad	Sigurnost
Transporte	Prijevoz
Tráfico	Promet
Túnel	Tunel
Velocidad	Brzina

Conservación
Konzervacija

Agua	Voda
Ambiental	Ekološki
Ciclo	Ciklus
Clima	Klima
Contaminación	Zagađenje
Ecosistema	Ekosustav
Educación	Obrazovanje
Hábitat	Stanište
Natural	Prirodno
Orgánico	Organski
Pesticida	Pesticid
Reciclar	Reciklirati
Reducir	Smanjiti
Salud	Zdravlje
Sostenible	Održiv
Verde	Zelen
Voluntario	Volonter

Cuerpo Humano
Ljudsko Tijelo

Barbilla	Brada
Boca	Usta
Cabeza	Glava
Cara	Lice
Cerebro	Mozak
Codo	Lakat
Corazón	Srce
Cuello	Vrat
Dedo	Prst
Hombro	Rame
Lengua	Jezik
Mano	Ruka
Nariz	Nos
Ojo	Oko
Oreja	Uho
Piel	Koža
Pierna	Noga
Rodilla	Koljeno
Sangre	Krv
Tobillo	Gležanj

Cumpleaños
Rođendan

Alegre	Radostan
Amigos	Prijatelji
Año	Godina
Aprender	Učiti
Calendario	Kalendar
Canción	Pjesma
Celebración	Proslava
Día	Dan
Especial	Poseban
Feliz	Sretan
Invitaciones	Pozivnice
Joven	Mladi
Nacer	Rođen
Pastel	Torta
Recuerdos	Sjećanja
Regalo	Dar
Sabiduría	Mudrost
Tarjetas	Kartice
Tiempo	Vrijeme
Velas	Svijeće

Deportes
Sportski

Atleta	Sportaš
Árbitro	Sudac
Baloncesto	Košarka
Béisbol	Bejzbol
Bicicleta	Bicikl
Campeonato	Prvenstvo
Entrenador	Trener
Equipo	Tim
Estadio	Stadion
Ganador	Pobjednik
Gimnasia	Gimnastika
Gimnasio	Gimnazija
Golf	Golf
Hockey	Hokej
Juego	Igra
Jugador	Igrač
Movimiento	Pokret
Nadar	Plivati
Tenis	Tenis

Dinosaurios
Dinosauri

Alas	Krila
Carnívoro	Mesožder
Cola	Rep
Desaparición	Nestanak
Enorme	Ogroman
Especie	Vrsta
Evolución	Evolucija
Fósiles	Fosili
Grande	Veliki
Herbívoro	Biljojedi
Mamut	Mamut
Omnívoro	Svejed
Poderoso	Snažan
Prehistórico	Prapovijesni
Presa	Plijen
Reptil	Gmaz
Tamaño	Veličina
Tierra	Zemlja
Vicioso	Začarani

Disciplinas Científicas
Znanstvene Discipline

Anatomía	Anatomija
Arqueología	Arheologija
Astronomía	Astronomija
Biología	Biologija
Bioquímica	Biokemija
Botánica	Botanika
Ecología	Ekologija
Fisiología	Fiziologija
Geología	Geologija
Inmunología	Imunologija
Lingüística	Lingvistika
Mecánica	Mehanika
Meteorología	Meteorologija
Mineralogía	Mineralogija
Neurología	Neurologija
Psicología	Psihologija
Química	Kemija
Sociología	Sociologija
Termodinámica	Termodinamika
Zoología	Zoologija

Días y Meses
Dani i Mjeseci

Abril	Travanj
Agosto	Kolovoz
Año	Godina
Calendario	Kalendar
Domingo	Nedjelja
Enero	Siječanj
Febrero	Veljača
Jueves	Četvrtak
Julio	Srpanj
Junio	Lipanj
Lunes	Ponedjeljak
Martes	Utorak
Mes	Mjesec
Miércoles	Srijeda
Noviembre	Studeni
Octubre	Listopad
Sábado	Subota
Semana	Tjedan
Septiembre	Rujan
Viernes	Petak

Ecología
Ekologija

Clima	Klima
Comunidades	Zajednice
Diversidad	Raznolikost
Especie	Vrsta
Fauna	Fauna
Flora	Flora
Global	Globalno
Hábitat	Stanište
Marino	Pomorski
Montañas	Planine
Natural	Prirodno
Naturaleza	Priroda
Pantano	Močvara
Plantas	Bilje
Recursos	Resursi
Sequía	Suša
Sostenible	Održiv
Supervivencia	Opstanak
Vegetación	Vegetacija
Voluntarios	Volonteri

Edificios
Građevine

Albergue	Hostel
Apartamento	Stan
Cabina	Kabina
Castillo	Dvorac
Cine	Kino
Escuela	Škola
Estadio	Stadion
Fábrica	Tvornica
Garaje	Garaža
Granero	Staja
Granja	Farma
Hospital	Bolnica
Hotel	Hotel
Laboratorio	Laboratorij
Museo	Muzej
Observatorio	Zvjezdarnica
Supermercado	Supermarket
Teatro	Kazalište
Torre	Toranj
Universidad	Sveučilište

Emociones
Emocije

Aburrimiento	Dosada
Agradecido	Zahvalan
Alegría	Radost
Alivio	Olakšanje
Amor	Ljubav
Avergonzado	Neugodno
Beatitud	Blaženstvo
Bondad	Ljubaznost
Calma	Miran
Contenido	Sadržaj
Emocionado	Uzbuđen
Ira	Bijes
Miedo	Strah
Paz	Mir
Satisfecho	Zadovoljan
Simpatía	Simpatija
Sorpresa	Iznenađenje
Ternura	Nježnost
Tristeza	Tuga

Escalada
Penjanje po Stijenama

Altitud	Visina
Atmósfera	Atmosfera
Botas	Čizme
Casco	Kaciga
Cueva	Špilja
Curiosidad	Znatiželja
Estabilidad	Stabilnost
Estrecho	Suziti
Experto	Stručnjak
Físico	Fizički
Formación	Obuka
Fuerza	Snaga
Guantes	Rukavice
Guías	Vodiči
Lesión	Ozljeda
Mapa	Karta
Senderismo	Pješačenje
Terreno	Teren

Escuela #1
Škola Broj 1

Alfabeto	Abeceda
Almuerzo	Ručak
Amigos	Prijatelji
Aprender	Učiti
Aula	Učionica
Biblioteca	Knjižnica
Carpetas	Mape
Diversión	Zabava
Escritorio	Stol
Examen	Kviz
Exámenes	Ispiti
Lápiz	Olovka
Libros	Knjige
Matemática	Matematika
Números	Brojevi
Papel	Papir
Plumas	Olovke
Profesor	Učitelj
Respuestas	Odgovori
Silla	Stolica

Escuela #2
Škola Broj 2

Académico	Akademski
Autobús	Autobus
Biblioteca	Knjižnica
Calendario	Kalendar
Ciencia	Znanost
Diccionario	Rječnik
Educación	Obrazovanje
Gramática	Gramatika
Juegos	Igre
Lápiz	Olovka
Lectura	Čitanje
Libros	Knjige
Literatura	Književnost
Mochila	Ruksak
Ordenador	Računalo
Papel	Papir
Profesor	Učitelj
Ropa	Odjeća
Suministros	Pribor
Tijeras	Škare

Especias
Začini

Agrio	Kiselo
Ajo	Češnjak
Amargo	Gorak
Anís	Anis
Azafrán	Šafran
Canela	Cimet
Cardamomo	Kardamom
Cebolla	Luk
Cilantro	Korijander
Comino	Kumin
Curry	Curry
Dulce	Slatko
Hinojo	Komorač
Jengibre	Đumbir
Pimentón	Paprika
Pimienta	Papar
Regaliz	Slatki
Sabor	Okus
Sal	Sol
Vainilla	Vanilija

Exploración
Istraživanje

Actividad	Aktivnost
Agotamiento	Iscrpljenost
Animales	Životinje
Aprender	Učiti
Coraje	Hrabrost
Culturas	Kulture
Desconocido	Nepoznat
Descubrimiento	Otkriće
Determinación	Odlučnost
Emoción	Uzbuđenje
Espacio	Prostor
Idioma	Jezik
Nuevo	Novo
Peligroso	Opasan
Salvaje	Divlji
Terreno	Teren
Viaje	Putovati

Familia
Obitelj

Abuela	Baka
Abuelo	Djed
Antepasado	Predak
Esposa	Supruga
Hermana	Sestra
Hermano	Brat
Hija	Kći
Infancia	Djetinjstvo
Madre	Majka
Marido	Muž
Materno	Majčinski
Nieto	Unuk
Niño	Dijete
Niños	Djeca
Padre	Otac
Primo	Rođak
Sobrina	Nećakinja
Sobrino	Nećak
Tía	Tetka
Tío	Ujak

Flores
Cvijeće

Amapola	Mak
Diente de León	Maslačak
Gardenia	Gardenija
Girasol	Suncokret
Hibisco	Hibiskus
Jazmín	Jasmin
Lavanda	Lavanda
Lila	Lila
Lirio	Ljiljan
Magnolia	Magnolija
Margarita	Tratinčica
Narciso	Narcis
Orquídea	Orhideja
Peonía	Božur
Pétalo	Latica
Plumeria	Plumerija
Ramo	Buket
Rosa	Ruža
Trébol	Djetelina
Tulipán	Tulipan

Formas
Obrasci

Arco	Luk
Bordes	Rubovi
Cilindro	Cilindar
Círculo	Krug
Cono	Konus
Cuadrado	Kvadrat
Cubo	Kocka
Curva	Krivulja
Elipse	Elipsa
Esfera	Sfera
Esquina	Kut
Hipérbola	Hiperbola
Lado	Strana
Línea	Crta
Oval	Ovalan
Pirámide	Piramida
Polígono	Poligon
Prisma	Prizma
Rectángulo	Pravokutnik
Triángulo	Trokut

Fruta
Voće

Aguacate	Avokado
Albaricoque	Marelica
Baya	Bobica
Cereza	Trešnja
Ciruela	Šljiva
Coco	Kokos
Frambuesa	Malina
Guayaba	Guava
Kiwi	Kivi
Limón	Limun
Mango	Mango
Manzana	Jabuka
Melocotón	Breskva
Melón	Dinja
Naranja	Naranča
Papaya	Papaja
Pera	Kruška
Piña	Ananas
Plátano	Banana
Uva	Grožđe

Gatos
Mačke

Cazador	Lovac
Cola	Rep
Curioso	Znatiželjan
Dormir	Spavati
Garra	Kandža
Gracioso	Smiješno
Hilo	Pređa
Independiente	Nezavisna
Juguetón	Razigran
Loco	Lud
Pata	Šapa
Personalidad	Osobnost
Piel	Krzno
Poco	Malen
Ratón	Miš
Rápido	Brzo
Salvaje	Divlji
Tímido	Stidljiv

Geografía
Geografija

Altitud	Visina
Atlas	Atlas
Ciudad	Grad
Continente	Kontinent
Hemisferio	Hemisfera
Isla	Otok
Latitud	Širina
Longitud	Dužina
Mapa	Karta
Mar	More
Meridiano	Meridijan
Montaña	Planina
Mundo	Svijet
Norte	Sjever
Oeste	Zapad
País	Zemlja
Región	Regija
Río	Rijeka
Sur	Jug
Territorio	Područje

Geología
Geologija

Ácido	Kiselina
Calcio	Kalcij
Capa	Sloj
Caverna	Kaverna
Continente	Kontinent
Coral	Koralja
Cristales	Kristali
Cuarzo	Kvarc
Erosión	Erozija
Estalactita	Stalaktit
Estalagmitas	Stalagmiti
Fósil	Fosil
Géiser	Gejzir
Lava	Lava
Meseta	Plato
Minerales	Minerali
Piedra	Kamen
Sal	Sol
Terremoto	Potres
Volcán	Vulkan

Granja #1
Farma Broj 1

Abeja	Pčela
Agricultura	Poljoprivreda
Agua	Voda
Arroz	Riža
Burro	Magarac
Caballo	Konj
Cabra	Koza
Campo	Polje
Cuervo	Vrana
Fertilizante	Gnojivo
Gato	Mačka
Heno	Sijeno
Miel	Med
Perro	Pas
Pollo	Piletina
Semillas	Sjemenke
Ternero	Tele
Tierra	Zemljište
Vaca	Krava
Valla	Ograda

Granja #2
Farma № 2

Animales	Životinje
Cebada	Ječam
Colmena	Košnica
Comida	Hrana
Cordero	Janjetina
Fruta	Voće
Granero	Staja
Huerto	Voćnjak
Leche	Mlijeko
Llama	Lame
Maduro	Zrelo
Maíz	Kukuruz
Oveja	Ovce
Pastor	Pastir
Pato	Patka
Prado	Livada
Riego	Navodnjavanje
Tractor	Traktor
Trigo	Pšenica
Vegetal	Povrće

Herboristería
Herbalizam

Ajo	Češnjak
Albahaca	Bosiljak
Aromático	Aromatski
Azafrán	Šafran
Calidad	Kvaliteta
Culinario	Kulinarski
Eneldo	Kopar
Estragón	Dragulj
Flor	Cvijet
Hinojo	Komorač
Ingrediente	Sastojak
Jardín	Vrt
Lavanda	Lavanda
Mejorana	Mažuran
Menta	Metvice
Perejil	Peršin
Planta	Biljka
Romero	Ružmarin
Sabor	Okus
Verde	Zelen

Herramientas
Alati

Alicates	Kliješta
Antorcha	Baklja
Cable	Kabel
Cuchillo	Nož
Cuerda	Uže
Escalera	Ljestve
Grapa	Spajalica
Grapadora	Klamerica
Hacha	Sjekira
Martillo	Čekić
Mazo	Malj
Navaja	Britva
Pala	Lopata
Pegamento	Ljepilo
Regla	Vladar
Rueda	Kotač
Tijeras	Škare
Tornillo	Vijak

Insectos
Insekti

Abeja	Pčela
Avispa	Osa
Avispón	Stršljen
Áfido	Lisne Uši
Cigarra	Cvrčak
Cucaracha	Žohar
Escarabajo	Buba
Gusano	Crv
Hormiga	Mrav
Larva	Larva
Libélula	Vilin Konjic
Mantis	Bogomoljka
Mariposa	Leptir
Mariquita	Bubamara
Mosquito	Komarac
Polilla	Moljac
Pulga	Buha
Saltamontes	Skakavac
Termita	Termit

Instrumentos Musicales
Glazbeni Instrumenti

Armónica	Harmonika
Arpa	Harfa
Banjo	Bendžo
Clarinete	Klarinet
Fagot	Fagot
Flauta	Flauta
Gong	Gong
Guitarra	Gitara
Mandolina	Mandolina
Marimba	Marimba
Oboe	Oboa
Pandereta	Tamburaški
Percusión	Udaraljke
Piano	Klavir
Saxofón	Saksofon
Tambor	Bubanj
Trombón	Trombon
Trompeta	Truba
Violín	Violina
Violonchelo	Violončelo

Jardín
Vrt

Arbusto	Grm
Árbol	Drvo
Banco	Klupa
Césped	Travnjak
Estanque	Ribnjak
Flor	Cvijet
Garaje	Garaža
Hamaca	Viseća
Hierba	Trava
Huerto	Voćnjak
Jardín	Vrt
Malezas	Korov
Manguera	Crijevo
Pala	Lopata
Porche	Trijem
Rastrillo	Grablje
Suelo	Tlo
Terraza	Terasa
Trampolín	Trampolin
Valla	Ograda

Juguetes
Igračke

Ajedrez	Šah
Arcilla	Glina
Artesanía	Obrt
Avión	Zrakoplov
Barco	Čamac
Bicicleta	Bicikl
Bola	Lopta
Camión	Kamion
Coche	Automobil
Cometa	Zmaj
Favorito	Omiljeni
Imaginación	Mašta
Juegos	Igre
Libros	Knjige
Muñeca	Lutka
Pinturas	Boje
Robot	Robot
Tambores	Bubnjevi
Tren	Vlak

Libros
Knjige

Autor	Autor
Aventura	Avantura
Colección	Zbirka
Contexto	Kontekst
Dualidad	Dualnost
Escrito	Napisan
Historia	Priča
Histórico	Povijesni
Humorístico	Duhovit
Inventivo	Inventivni
Lector	Čitač
Literario	Literarni
Narrador	Pripovjedač
Novela	Roman
Página	Stranica
Pertinente	Relevantan
Poema	Pjesma
Poesía	Poezija
Serie	Serija
Trágico	Tragično

Literatura
Književnost

Analogía	Analogija
Análisis	Analiza
Anécdota	Anegdota
Autor	Autor
Biografía	Biografija
Comparación	Usporedba
Conclusión	Zaključak
Descripción	Opis
Diálogo	Dijalog
Estilo	Stil
Ficción	Fikcija
Metáfora	Metafora
Narrador	Pripovjedač
Novela	Roman
Poema	Pjesma
Poético	Pjesnički
Rima	Rima
Ritmo	Ritam
Tema	Tema
Tragedia	Tragedija

Mamíferos
Sisavci

Ballena	Kit
Burro	Magarac
Caballo	Konj
Camello	Deva
Canguro	Klokan
Cebra	Zebra
Conejo	Zec
Coyote	Kojot
Delfín	Dupin
Elefante	Slon
Gato	Mačka
Gorila	Gorila
Jirafa	Žirafa
Lobo	Vuk
Mono	Majmun
Oso	Snositi
Oveja	Ovce
Perro	Pas
Toro	Bik
Zorro	Lisica

Mascotas
Kućni Ljubimci

Agua	Voda
Cabra	Koza
Cachorro	Štene
Cola	Rep
Collar	Ovratnik
Comida	Hrana
Conejo	Zec
Garras	Kandže
Gatito	Mače
Gato	Mačka
Hámster	Hrčak
Lagarto	Gušter
Loro	Papiga
Patas	Šape
Perro	Pas
Pescado	Riba
Ratón	Miš
Tortuga	Kornjača
Vaca	Krava
Veterinario	Veterinar

Matemáticas
Matematika

Aritmética	Aritmetika
Ángulos	Kutovi
Circunferencia	Opseg
Decimal	Decimala
Diámetro	Promjer
Ecuación	Jednadžba
Esfera	Sfera
Exponente	Eksponent
Fracción	Frakcija
Geometría	Geometrija
Paralelo	Paralelno
Paralelogramo	Paralelogram
Perímetro	Perimetar
Perpendicular	Okomica
Polígono	Poligon
Radio	Radijus
Rectángulo	Pravokutnik
Simetría	Simetrija
Triángulo	Trokut
Volumen	Volumen

Mediciones
Mjerenja

Altura	Visina
Ancho	Širina
Byte	Bajt
Centímetro	Centimetar
Decimal	Decimala
Grado	Stupanj
Gramo	Gram
Kilogramo	Kilogram
Kilómetro	Kilometar
Litro	Litra
Longitud	Dužina
Masa	Masa
Metro	Metar
Minuto	Minuta
Onza	Unca
Peso	Težina
Profundidad	Dubina
Pulgada	Inč
Tonelada	Tona
Volumen	Volumen

Meditación
Meditacija

Aceptación	Prihvaćanje
Atención	Pažnja
Bondad	Ljubaznost
Calma	Miran
Claridad	Jasnoća
Compasión	Suosjećanje
Emociones	Emocije
Gratitud	Zahvalnost
Mental	Mentalno
Mente	Um
Movimiento	Pokret
Música	Glazba
Naturaleza	Priroda
Observación	Promatranje
Paz	Mir
Pensamientos	Misli
Perspectiva	Perspektiva
Postura	Držanje
Respiración	Disanje
Silencio	Tišina

Mitología
Mitologija

Arquetipo	Arhetip
Celos	Ljubomora
Cielo	Nebo
Comportamiento	Ponašanje
Creación	Stvaranje
Creencias	Uvjerenja
Criatura	Stvorenje
Cultura	Kultura
Desastre	Katastrofa
Fuerza	Snaga
Guerrero	Ratnik
Héroe	Junak
Inmortalidad	Besmrtnost
Laberinto	Labirint
Leyenda	Legenda
Monstruo	Čudovište
Mortal	Smrtnik
Rayo	Munja
Trueno	Grmljavina
Venganza	Osveta

Mueble
Namještaj

Alfombra	Tepih
Almohada	Jastuk
Armario	Ormar
Banco	Klupa
Cama	Krevet
Cojines	Jastuci
Colchón	Madrac
Cortinas	Zavjese
Edredones	Tješi
Escritorio	Stol
Espejo	Ogledalo
Estantes	Police
Futón	Futon
Hamaca	Viseća
Lámpara	Svjetiljka
Silla	Stolica
Sillón	Fotelja
Sofá	Kauč

Naturaleza
Priroda

Abejas	Pčele
Animales	Životinje
Ártico	Arktik
Belleza	Ljepota
Bosque	Šuma
Desierto	Pustinja
Dinámico	Dinamičan
Erosión	Erozija
Follaje	Lišće
Glaciar	Ledenjak
Niebla	Magla
Nubes	Oblaci
Pacífico	Mirno
Refugio	Sklonište
Río	Rijeka
Salvaje	Divlji
Santuario	Svetište
Sereno	Spokojan
Tropical	Tropski
Vital	Bitan

Nutrición
Prehrana

Amargo	Gorak
Apetito	Apetit
Calidad	Kvaliteta
Calorías	Kalorije
Cereales	Žitarice
Comestible	Jestivo
Dieta	Dijeta
Digestión	Probava
Equilibrado	Uravnotežen
Fermentación	Vrenje
Hábitos	Navike
Nutriente	Hranljiv
Peso	Težina
Proteínas	Proteini
Sabor	Okus
Salsa	Umak
Salud	Zdravlje
Saludable	Zdrav
Toxina	Toksin
Vitamina	Vitamin

Números
Brojevi

Catorce	Četrnaest
Cero	Nula
Cinco	Pet
Cuatro	Četiri
Decimal	Decimala
Diecinueve	Devetnaest
Dieciocho	Osamnaest
Dieciséis	Šesnaest
Diecisiete	Sedamnaest
Diez	Deset
Doce	Dvanaest
Dos	Dva
Nueve	Devet
Ocho	Osam
Quince	Petnaest
Seis	Šest
Siete	Sedam
Trece	Trinaest
Tres	Tri
Veinte	Dvadeset

Océano
Ocean

Alga	Alge
Anguila	Jegulja
Arrecife	Greben
Atún	Tuna
Ballena	Kit
Barco	Čamac
Camarón	Škampi
Cangrejo	Rak
Coral	Koralja
Delfín	Dupin
Esponja	Spužva
Mareas	Plime
Medusa	Meduza
Ostra	Kamenica
Pescado	Riba
Pulpo	Hobotnica
Sal	Sol
Tiburón	Morski Pas
Tormenta	Oluja
Tortuga	Kornjača

Paisajes
Krajolici

Cascada	Vodopad
Cueva	Špilja
Desierto	Pustinja
Estuario	Ušće
Géiser	Gejzir
Glaciar	Ledenjak
Iceberg	Ledena
Isla	Otok
Lago	Jezero
Laguna	Laguna
Mar	More
Montaña	Planina
Oasis	Oaza
Pantano	Močvara
Península	Poluotok
Playa	Plaža
Río	Rijeka
Tundra	Tundra
Valle	Dolina
Volcán	Vulkan

Países #2
Zemlje № 2

Albania	Albanija
Australia	Australija
Austria	Austrija
Dinamarca	Danska
Etiopía	Etiopija
Francia	Francuska
Grecia	Grčka
Indonesia	Indonezija
Irlanda	Irska
Jamaica	Jamajka
Japón	Japan
Laos	Laos
México	Meksiko
Pakistán	Pakistan
Portugal	Portugal
Rusia	Rusija
Siria	Sirija
Sudán	Sudan
Ucrania	Ukrajina
Uganda	Uganda

Pájaros
Ptice

Avestruz	Noj
Águila	Orao
Cigüeña	Roda
Cisne	Labud
Cuco	Kukavica
Cuervo	Vrana
Flamenco	Flamingo
Ganso	Guska
Garza	Čaplja
Gaviota	Galeb
Gorrión	Vrabac
Halcón	Sokol
Huevo	Jaje
Loro	Papiga
Paloma	Golub
Pato	Patka
Pelícano	Pelikan
Pingüino	Pingvin
Pollo	Piletina
Tucán	Toucan

Pesca
Ribarstvo

Agua	Voda
Aletas	Peraje
Barco	Čamac
Branquias	Škrge
Cable	Žica
Cebo	Mamac
Cesta	Košara
Cocinar	Kuhati
Equipo	Oprema
Exageración	Pretjerivanje
Gancho	Kuka
Lago	Jezero
Mandíbula	Čeljust
Océano	Ocean
Paciencia	Strpljenje
Peso	Težina
Playa	Plaža
Río	Rijeka
Temporada	Sezona

Piratas
Gusari

Ancla	Sidro
Aventura	Avantura
Bandera	Zastava
Brújula	Kompas
Capitán	Kapetan
Cicatriz	Ožiljak
Cueva	Špilja
Espada	Mač
Isla	Otok
Leyenda	Legenda
Loro	Papiga
Malo	Loše
Mapa	Karta
Monedas	Kovanice
Oro	Zlato
Peligro	Opasnost
Playa	Plaža
Ron	Rum
Tesoro	Blago
Tripulación	Posada

Plantas
Biljke

Arbusto	Grm
Árbol	Drvo
Bambú	Bambus
Baya	Bobica
Bosque	Šuma
Botánica	Botanika
Cactus	Kaktus
Fertilizante	Gnojivo
Flor	Cvijet
Flora	Flora
Follaje	Lišće
Frijol	Grah
Hiedra	Bršljan
Hierba	Trava
Hoja	List
Jardín	Vrt
Musgo	Mahovina
Pétalo	Latica
Raíz	Korijen
Vegetación	Vegetacija

Playa
Plaža

Arena	Pijesak
Arrecife	Greben
Azul	Plava
Barco	Čamac
Cangrejo	Rak
Costa	Obala
Isla	Otok
Laguna	Laguna
Mar	More
Nadar	Plivati
Océano	Ocean
Paraguas	Kišobran
Sandalias	Sandale
Sol	Sunce
Toalla	Ručnik
Vacaciones	Odmor
Velero	Jedrilica

Profesiones #1
Zanimanja № 1

Abogado	Odvjetnik
Astrónomo	Astronom
Atleta	Sportaš
Bailarín	Plesačica
Banquero	Bankar
Bombero	Vatrogasac
Cartógrafo	Kartograf
Cazador	Lovac
Científico	Znanstvenik
Doctor	Liječnik
Editor	Urednik
Embajador	Ambasador
Entrenador	Trener
Geólogo	Geolog
Joyero	Zlatar
Marinero	Mornar
Músico	Glazbenik
Pianista	Pijanist
Psicólogo	Psiholog
Veterinario	Veterinar

Profesiones #2
Zanimanja № 2

Astronauta	Astronaut
Bibliotecario	Knjižničar
Biólogo	Biolog
Cirujano	Kirurg
Dentista	Zubar
Detective	Detektiv
Filósofo	Filozof
Fotógrafo	Fotograf
Ilustrador	Ilustrator
Ingeniero	Inženjer
Inventor	Izumitelj
Investigador	Istraživač
Jardinero	Vrtlar
Lingüista	Jezikoslovac
Médico	Liječnik
Periodista	Novinar
Piloto	Pilot
Pintor	Slikar
Profesor	Profesor
Zoólogo	Zoolog

Restaurante #1
Restoran Broj 1

Alergia	Alergija
Café	Kava
Cajero	Blagajnik
Camarera	Konobarica
Carne	Meso
Cocina	Kuhinja
Comer	Jesti
Comida	Hrana
Cuchillo	Nož
Ingredientes	Sastojci
Menú	Jelovnik
Pan	Kruh
Picante	Akutni
Plato	Tanjur
Pollo	Piletina
Postre	Desert
Reserva	Rezervacija
Salsa	Umak
Servilleta	Ubrus
Tazón	Zdjela

Restaurante #2
Restoran Broj 2

Agua	Voda
Almuerzo	Ručak
Aperitivo	Predjelo
Bebida	Piće
Camarero	Konobar
Cena	Večera
Cuchara	Žlica
Delicioso	Ukusno
Ensalada	Salata
Especias	Začini
Fruta	Voće
Hielo	Led
Huevos	Jaja
Pastel	Torta
Pescado	Riba
Sal	Sol
Silla	Stolica
Sopa	Juha
Tenedor	Vilica
Verduras	Povrće

Ropa
Odjeća

Abrigo	Kaput
Blusa	Bluza
Bufanda	Šal
Camisa	Košulja
Chaqueta	Jakna
Cinturón	Pojas
Collar	Ogrlica
Delantal	Pregača
Falda	Suknja
Guantes	Rukavice
Joyas	Nakit
Moda	Moda
Pantalones	Hlače
Pijama	Pidžama
Pulsera	Narukvica
Sandalias	Sandale
Sombrero	Šešir
Suéter	Džemper
Vestido	Haljina
Zapato	Cipela

Selva Tropical
Prašuma

Anfibios	Vodozemci
Botánico	Botanički
Clima	Klima
Comunidad	Zajednica
Diversidad	Raznolikost
Especie	Vrsta
Indígena	Autohtono
Insectos	Kukci
Mamíferos	Sisavci
Musgo	Mahovina
Naturaleza	Priroda
Nubes	Oblaci
Pájaros	Ptice
Preservación	Očuvanje
Refugio	Utočište
Respeto	Poštovanje
Restauración	Obnova
Selva	Džungla
Supervivencia	Opstanak
Valioso	Vrijedan

Senderismo
Planinarenje

Acantilado	Litica
Agua	Voda
Animales	Životinje
Botas	Čizme
Camping	Kampiranje
Cansado	Umorni
Clima	Klima
Guías	Vodiči
Mapa	Karta
Montaña	Planina
Mosquitos	Komarci
Naturaleza	Priroda
Orientación	Orijentacija
Parques	Parkovi
Pesado	Teška
Piedras	Kamenje
Preparación	Priprema
Salvaje	Divlji
Sol	Sunce

Suministros de Arte
Umjetnički Pribor

Aceite	Ulje
Acrílico	Akril
Agua	Voda
Arcilla	Glina
Borrador	Brisač
Caballete	Stalak
Carbón	Ugljen
Cámara	Kamera
Cepillos	Četke
Colores	Boje
Creatividad	Kreativnost
Ideas	Ideje
Lápices	Olovke
Mesa	Stol
Papel	Papir
Pegamento	Ljepilo
Silla	Stolica
Tinta	Tinta

Surf
Surfanje

Arrecife	Greben
Atleta	Sportaš
Campeón	Prvak
Clima	Vrijeme
Diversión	Zabava
Espuma	Pjena
Estilo	Stil
Estómago	Želudac
Extremo	Krajnost
Fuerza	Snaga
Multitudes	Gužve
Nadar	Plivati
Océano	Ocean
Ola	Val
Playa	Plaža
Popular	Popularan
Principiante	Početnik
Remo	Veslo
Rociar	Sprej
Velocidad	Brzina

Tecnología
Tehnologija

Archivo	Datoteka
Blog	Blog
Bytes	Bajtovi
Cámara	Kamera
Cursor	Kursor
Datos	Podaci
Digital	Digitalni
Estadísticas	Statistika
Internet	Internet
Investigación	Istraživanje
Mensaje	Poruka
Navegador	Preglednik
Ordenador	Računalo
Pantalla	Zaslon
Seguridad	Sigurnost
Software	Softver
Virtual	Virtualan
Virus	Virus

Tiempo
Vrijeme

Ahora	Sada
Antes	Prije
Anual	Godišnji
Año	Godina
Ayer	Jučer
Calendario	Kalendar
Década	Desetljeće
Día	Dan
Futuro	Budućnost
Hoy	Danas
Mañana	Jutro
Mediodía	Podne
Mes	Mjesec
Minuto	Minuta
Momento	Trenutak
Noche	Noć
Reloj	Sat
Semana	Tjedan
Siglo	Stoljeće
Temprano	Rano

Tipos de Cabello
Vrste Kose

Blanco	Bijeli
Brillante	Sjajan
Calvo	Ćelav
Corto	Kratak
Delgada	Tanak
Gris	Siva
Grueso	Debeo
Largo	Dugo
Marrón	Smeđ
Negro	Crna
Ondulado	Valovita
Plata	Srebro
Rizado	Kovrčava
Rizos	Kovrče
Rubio	Plavuša
Saludable	Zdrav
Seco	Suho
Suave	Mekan
Trenzado	Pletena
Trenzas	Pletenice

Vacaciones #2
Odmor № 2

Aeropuerto	Zračna Luka
Carpa	Šator
Destino	Odredište
Extranjero	Stranac
Fotos	Fotografije
Hotel	Hotel
Isla	Otok
Mapa	Karta
Mar	More
Montañas	Planine
Pasaporte	Putovnica
Playa	Plaža
Reservas	Rezervacije
Restaurante	Restoran
Taxi	Taksi
Transporte	Prijevoz
Tren	Vlak
Vacaciones	Odmor
Viaje	Putovanje
Visa	Viza

Vehículos
Vozila

Ambulancia	Hitna Pomoć
Autobús	Autobus
Avión	Zrakoplov
Balsa	Splav
Barco	Čamac
Bicicleta	Bicikl
Camión	Kamion
Caravana	Karavan
Coche	Automobil
Cohete	Raketa
Ferry	Trajekt
Furgoneta	Kombi
Helicóptero	Helikopter
Lanzadera	Čunak
Motor	Motor
Neumáticos	Gume
Submarino	Podmornica
Taxi	Taksi
Tractor	Traktor
Tren	Vlak

Verano
Ljeto

Alegría	Radost
Amigos	Prijatelji
Buceo	Ronjenje
Camping	Kampiranje
Comida	Hrana
Estrellas	Zvijezde
Familia	Obitelj
Hogar	Dom
Jardín	Vrt
Juegos	Igre
Libros	Knjige
Mar	More
Música	Glazba
Nadar	Plivati
Playa	Plaža
Recuerdos	Sjećanja
Relajación	Opuštanje
Sandalias	Sandale
Vacaciones	Odmor
Viaje	Putovati

Verduras
Povrće

Ajo	Češnjak
Alcachofa	Artičoka
Apio	Celer
Berenjena	Patlidžan
Brócoli	Brokula
Calabaza	Bundeva
Cebolla	Luk
Ensalada	Salata
Espinacas	Špinat
Guisante	Grašak
Jengibre	Đumbir
Nabo	Repa
Oliva	Maslina
Patata	Krumpir
Pepino	Krastavac
Perejil	Peršin
Rábano	Rotkvica
Seta	Gljiva
Tomate	Rajčica
Zanahoria	Mrkva

Virtudes #1
Vrline # 1

Apasionado	Strasan
Artístico	Umjetnički
Bien	Dobar
Curioso	Znatiželjan
Decisivo	Odlučno
Eficiente	Efikasan
Encantador	Šarmantan
Fiable	Pouzdan
Generoso	Velikodušan
Gracioso	Smiješno
Independiente	Nezavisna
Inteligente	Inteligentan
Limpio	Čist
Modesto	Skroman
Paciente	Pacijent
Práctico	Praktičan
Sabio	Mudar
Útil	Koristan

Enhorabuena

Lo has conseguido!

Esperamos que hayas disfrutado de este libro tanto como nosotros al diseñarlo. Nos esforzamos por crear libros de la máxima calidad posible.
Esta edición está diseñada para proporcionar un aprendizaje inteligente, de calidad y divertido!

¿Te ha gustado este libro?

Una Petición Sencilla

Estos libros existen gracias a las reseñas que se publican.
¿Podrías ayudarnos dejando una reseña ahora?
Aquí tienes un breve enlace a la página de reseñas

BestBooksActivity.com/Opiniones50

¡DESAFÍO FINAL!

Reto n°1

¿Estás listo para tu juego gratis? Los utilizamos siempre, pero no son tan fáciles de encontrar. ¡Aquí están los **Sinónimos!**

Escribe 5 palabras que hayas encontrado en los rompecabezas (#21, #36, #76) y trata de encontrar 2 sinónimos para cada palabra.

Escriba 5 palabras del *Puzzle 21*

Palabras	Sinónimo 1	Sinónimo 2

Escriba 5 palabras del *Puzzle 36*

Palabras	Sinónimo 1	Sinónimo 2

Escriba 5 palabras del *Puzzle 76*

Palabras	Sinónimo 1	Sinónimo 2

Reto n°2

Ahora que te has calentado, escribe 5 palabras que hayas encontrado en los Puzzles 9, 17 y 25 e intenta encontrar 2 antónimos para cada palabra. ¿Cuántos puedes encontrar en 20 minutos?

Escriba 5 palabras del **Puzzle 9**

Palabras	Antónimo 1	Antónimo 2

Escriba 5 palabras del **Puzzle 17**

Palabras	Antónimo 1	Antónimo 2

Escriba 5 palabras del **Puzzle 25**

Palabras	Antónimo 1	Antónimo 2

Reto n°3

¡Genial! Este desafío final no es nada para ti.

¿Preparado para el reto final? Elige 10 palabras que hayas descubierto en los diferentes rompecabezas y escríbelas a continuación.

1.	6.
2.	7.
3.	8.
4.	9.
5.	10.

Ahora escribe un texto pensando en una persona, un animal o un lugar que te guste.

Puedes usar la última página de este libro como borrador.

Tu Composición:

CUADERNO DE NOTAS :

HASTA PRONTO !

Todo el Equipo

DESCUBRA JUEGOS GRATIS

GO

↓

BESTACTIVITYBOOKS.COM/FREEGAMES